KB179659

스위칭

SWITCHING

스위칭

평범을 비범으로 바꿔준 단 한번의 계기

한성곤, 김성공, 백두현, 남희정
현홍수, 김형진, 정수열, 안혜빈
지음

 mindset

인생을 바꾸는
스위치를 켜라

아직도 그날이 생생하다. 지인의 생일 파티에 초대된 사람들은 루프탑에서 먹고, 마시며, 즐기고 있었지만, 나의 신경은 온통 휴대폰에 가 있었다. 그도 그럴 것이 자정을 넘기면, 내 생애 첫 시도한 크라우드 펀딩 결과가 판가름 났으니까. 어느새 시간은 11시 59분이 됐고, 마음속으로 카운트다운에 들어갔다. '5, 4, 3, 2, 1, 땡!' "와, 됐다! 해냈다!" 초조함에 잠시 자리를 비우고 들른 편의점에서 소리를 질렀다. 그 순간만큼은 누가 보든 말든, 이상한 사람으로 오해하든 말든 개의치 않았다. 1억 원이라는 매출을 달성했는데, 그깟 시선이 무슨 대수였겠는가. 그것도 20대에 그런 어마어마한 액수를 벌게 될 줄은 꿈에도 몰랐다. 아니, 그동안 너무 생생하게 상상했던지라, 꿈과 현실을 구분하기 힘들었다는 표현이 더 잘 어울리겠다.

여기서 잠시 나의 과거 이야기를 해보려 한다. 불과 몇 년 전만 해도 나는 한 기업의 제품 및 서비스를 대신 판매하는 영업사원이었다. 대부분의 회사원이 그렇듯 언젠가는 내 사업을 하겠노라는 기약 없는 계획을 품고, 어떤 아이템이 주어지더라도 잘 팔아야겠다고 다짐했다. 만일 그것이 가능해지면, 살아남기 힘들다는 창업 시장에서 제대로 자리 잡을 수 있을 것이라 확신했다. 그리고 이는 어린 날의 미숙한 판단이지만, 지금 다시 생각해봐도 신의 한 수였다. 그때의 경험이 내 삶 곳곳에 밑거름이 되어주고 있으니.

그리하여 나는 여러 회사를 옮겨 다니며, 정수기, 부동산, 프렌차이즈 가맹점, 키오스크, 오프라인 광고 등 다양한 상품 판매 경험을 쌓았다. 그뿐만 아니었다. 전단지를 1일 200장을 들고 나가 200번의 거절을 당하기도 하고, 진상 고객의 근거 없는 불만으로 경찰서 신세를 질 뻔한 적도 있었다. 게다가 실적은 월 초가 되면 리셋이 되어, 0부터 다시 시작되는 상황은 나의 그릇으로는 감당하기 벅찬 스트레스로 다가왔다. 이는 퇴사 무렵, 성인 남성으로서는 도무지 믿을 수 없는 몸무게 55kg이 증명한다. 이제는 "그땐 그랬지." 하면서 안줏거리 삼아 말할 수 있게 됐지만, 그 시절에는 결코 웃지만은 못 했다.

결국 나는 이대로라면 돈과 건강을 맞바꿀 것만 같은 고민 끝에, 실력이 점진적으로 쌓이는 일을 찾기 시작했다. 그러던 중 나의 삶이 송두리째 스위칭 되는 사건을 마주한다. 바로 강사로 데뷔한 것이다. 고백하자면, 나는 간단한 발표도 어려워하는 사람이었다. 어느 정도였냐 하면, 대학생 때 같은 수업을 듣는 수강생들 앞에 섰을 때, 식은땀을 흘리며, 얼굴이 빨개지는 건 기본이고, 머릿속이 백짓장이 되어, 처음부터 끝까지 횡설수설로 장식했다. 그랬던 내가 강사가 될 수 있었던 것은, 완벽하지 않아도 도전한 덕분이다.

첫 시작은 자료를 수집하고, 2만 원짜리 마이크를 구매해 준비한 자료에 음성을 입히는 것으로 출발했다. 돌이켜보면 무슨 자신감이 었는지, 무작정 들이댄 수준에 지나지 않는다. 그런데 재미있는 것은 그렇게 차츰차츰 경력을 쌓은 나는 현재 사업주들을 대상으로 매출을 향상하는 방법에 대해 다양한 형태로 교육을 진행하고 있다는 사실이다. 그것도 수천 명이 보는 온라인 강의를 촬영하는가 하면, 오프라인으로도 수백 명 앞에서 강연을 진행하고, 새로운 프로그램을 런칭하면, 매회 전석 마감이라는 신화를 이어가는 중이다.

나를 위해 사용하는 시간도 훨씬 많아졌다. 이전에는 출·퇴근을 위해 매일 도로 위에 4시간 이상을 소비했다면, 단 2년 만에 집에서 3분 거리에 있는 신축 사무실로 출근해, 온전히 내가 하고 싶은 일에 전념할 수 있게 됐다. 그에 더해 프로그램이 나 대신 일하고, 누군가가 나를 위해 콘텐츠를 만들어주니, 24시간 빠듯한 삶이 아닌 꿈에 그리던 경제적으로나 시간적으로나 여유로운 일상을 누리는 중이다.

그런데 이제는 나와 같은 사례가 무수히 쏟아지고 있다. 이유인 즉, 온·오프라인으로 성공하는 법과 관련한 정보가 홍수라고 비유할 만큼 넘쳐흐르고 있어서, "방법을 몰라서 성공을 못했다."라고 말하는 것이 통하지 않는 시대가 되었으므로. 하지만 여기에도 하나의 문제점이 있는데, 플랜B라는 선택지를 제공함으로써, 쉽게 포기하는 현상이 일어나는 것이다. 나 또한 수천 명의 수강생을 만나면서 피부로 느낀 부분이기도 하다. 설명을 덧붙이자면, 본인에게 어떠한 일이 잘 맞는지, 잘 맞지 않는지 파악하기도 전에 "○○이 쉽다더라.", "A가 B로 N개월 만에 월 1,000만 원 벌었다더라." 등 일명 '카더라 통신'에만 의존해 희망 회로를 돌리며, 무분별한 선택을 하는 사람이 꽤 많았다. 그러나 반드시 알아야 할 것은 성공을 이룬 사람들의 결과가 아닌, 그렇게 되기까지의 과정이다. 그것을 깊게 들여다봐야 쉽게 넘지 못하는 벽을 마주하더라도, 굳건하게 버티고 앞으로 나아갈 수 있으니까.

이 책에는 각 분야 상위 0.1% 사업가의 진솔한 성공 스토리를 담았다. 집필에 필요한 가이드를 위해 모든 대표를 만나 인터뷰를 했고, 단 하나의 공통점을 발견했다. 그것은 다름 아닌, '평범한 삶에서 단 하나의 계기로 인생이 완벽하게 변했다.'는 점이었다. 그리고 그 계기는 찢어지게 가난해서, 자기 계발을 하다 보니, 우연히 방송 프로그램에 출연해서, 특정 상품이 자주 눈에 띄어서 등 가지각색이었다. 물론 성과를 낸 방식도 다들 달랐다. 앞서 언급했듯, 정보의 수만큼 돈을 벌 수 있는 수단도 셀 수 없기에. 또 무자본으로 위험 부담 없이 수익 창출이 가능한 일도 생겼다는 것은 우리를 놀라게 한다. 어디 그뿐인가. 일말의 과장을 보태지 않고, 내게 1시간만 주어진다면, 한 달 안에 돈을 벌어들이는 10개 이상의 무자본 창업 아이템을 만들어낼 수 있는 현실이다.

이런 나의 말에 '말은 쉽지.'라고 생각할 수도 있다. 그래서 더더욱 '0'에서 시작해, 자기가 활동하는 영역에서 눈에 띄는 결과물을 끌어낸 사람들이 직접 자신의 일화를 전달하는 것이 가장 설득력 있으리라고 믿었다. 이로써 지식창업, 광고대행사, 크리에이터, 제휴마케팅, 커뮤니티, 멤버십, 커머스, 플랫폼 각기 다른 비즈니스를 다루고 있지만, 다차원적인 시야에서 돈 버는 방법을 엿볼 수 있는 책이 되지 않을까 한다.

당신이 어떠한 일을 하든지, 젖 먹던 힘까지 끌어와 온갖 노력을 해도, 성장이 가로막히는 시점이 무조건 오게 된다. 그럴 때는 한번도 경험해보지 못한, 생소한 다른 영역에서 통용되는 지식을 가져와, 눈앞의 일에 접목시켜 참신성을 끌어올려야, 다시 전진할 수 있다. 그런 면에서 모든 챕터를 빠짐없이 읽어야만 하는 충분한 명분이 있다.

뒷장을 넘기기 전에 이것만 기억해라. 내가 아는 모든 부자는 단한 명도 천천히 부를 축적하지 않았다. 대신, 한번의 계기, 한번의 생각 전환으로 생각지도 못한 순간에 인생을 역전시켰다. 그러니 부디 서서히, 꾸준히 이런 진부한 말은 지금부터 머릿속에서 1도 남기지 말고, 다 지워버리자. 우연히 집어 든 이 책으로 삶이 변하는 기회를 잡을 수 있다고 믿고.

자, 준비됐는가? 당신의 인생을 180도로 바꿀 스위치를 누를 용기가.

한성곤

차례

돈은 방향을 선택하는 순간 따라온다

한성곤

월 200만 원의 말단 영업직 사원에서
2년 만에 상위 1% 교육법인 대표가 된
지식창업의 아이디어 뱅크

영업사원 출신으로 근무했던 모든 곳에서 상위 1%의 판매 실적을 놓친 적이 없다. 현재 비즈니스 카테고리 내에서 교육법인 2개를 운영하며, 대형 교육 플랫폼인 라이프해킹스쿨, 클래스유, 와디즈에서 초빙 강사로도 활동하고 있다. 더불어 강연 기획사, 광고대행사, 오프라인 창업 교육 플랫폼 등 계열사를 확장해나가는 중인 그는, 위기에 찾아온 단 한번의 기회에 스위치를 올렸던 일이 지금의 자신을 만들어줬다고 고백한다.

찰나의 선택으로
몸값 20배를 올리다

현재 나는 연 수억 원의 매출을 내는 교육법인의 대표다. 사무실도 최근에 강남권의 신축 빌딩 1·2층 전체를 임대했고, 사내 계열사를 늘려가며, 활동 영역을 확장해나가는 중이다. 물론 이 모든 것을 혼자만의 힘으로 이뤘다고 생각하지 않는다. 나의 손발이 되어주는 2명의 매니저, 수십 명의 협력사 대표가 있었던 덕분이다.

그런데 불과 2년 전까지만 하더라도 나는 영업사원으로 한 달 벌어, 한 달을 살아내는 아주 평범한 회사원이었다. 그리고 당시에 내가 살던 곳은 노량진 고시촌의 어느 다세대 주택이었는데, 얼마나 낡았는지 외풍이 너무 심해 겨울에는 아침마다 감기에 걸렸는지부터 체크할 정도였다. 또 온수 조절도 되지 않아, 씻을 때마다 곤욕을

치렀다. 그래도 출근을 해야 했기에 빠르게 씻은 뒤, 불편한 정장을 입고, 차로 향할 때마다 나를 기다리는 냉기가 떠올라 몸서리가 쳐졌다. 야외에 주차된 차는 집보다 추워서, 열선 시트만 있어도 소원이 없을 것 같았다. 하지만 현실은 주행거리 26만km가 찍힌 폐차 직전의 상태인 소나타였다.

출근길도 지옥이나 다름없었다. 어디서 그 많은 차가 쏟아지는지 30초마다 멈춰서기 일쑤였고, 무려 1시간 넘는 운전을 하고서야 회사에 도착했다. 그때부터 그날의 전쟁이 시작됐는데, 아침 미팅이 끝나기가 무섭게 배정된 지역의 업체를 네이버 지도로 확인한 다음, 메모장에 리스트업해 한 곳도 빠짐없이 연락했다. 계약을 한다는 보장은 없지만, 내가 할 수 있는 건 작은 기회를 마주하는 것밖에 없기에, 다시 차에 올라타 2시간을 운전해, 약속 잡힌 곳으로 향했다. 그사이에 한 손은 핸들을, 나머지 한 손으로는 부재중이었던 곳에서 쉴 새 없이 걸려 오는 전화를 받았다. 혹여나 신호에 걸려 눈에 띄는 현수막이라도 보이면, 실시간으로 미팅을 잡았다. 지금 가고 있는 곳에서 계약이 불발되면, 빈손으로 복귀할 수는 없으니, 나름의 몸부림을 친 것이다.

그렇게 하루 평균 5곳을 방문하며, 고군분투하니, 일과가 끝날 무렵에는 녹초가 됐다. 열정적으로 뛰어다닌 만큼 저녁은 사치를 부릴 법도 했지만, 그럴 여유는 내게 없었고, 분식점에서 간단하게 끼니를 때우는 것이 전부였다. 그 길로 귀가해 씻고, 휴대폰을 만지작

거리며 잠깐의 휴식을 갖고는 내일을 위해, 살기 위해, 잠자리에 들었다.

누가 들어도 희망이 보이지 않는 나날이지만, 나는 이런 생활을 수년 동안 반복했다. 물론, 지금의 나를 만들어주었다고 말할 정도로 많은 걸 배운 세월이었지만, 만일 그때로 다시 돌아간다면, 절대 똑같이는 못할 것 같다. 그만큼 나에게는 결코 돌이키고 싶지 않은 암흑기다.

이제는 "돈보다 가치를 좇아라.", "좋아하는 일을 해라."와 같은 이상적인 말이 귀에 들어오지만, 그 시절 나에게 최고의 가치는 돈이었다. 그도 그럴 것이 아침에 출근하면, 전날 계약을 달성한 사람과 아닌 사람의 대우는 극명하게 차이가 났다. 거기에 더해 더 많은 성과를 내기 위한 직원들의 동기부여 수단으로 일간·주간·월간·연간별 인센티브 이벤트를 기획해 운영했다. 멀리서 보면 마치 햄스터가 쳇바퀴 도는 것 같은 그림이 일상처럼 펼쳐졌다고 해도 과언이 아니다.

가장 큰 문제는 매달 리셋되는 실적이었다. 그로 인해 생계를 유지하기 위해서라도, 필사적으로 판매에 모든 초점을 맞춰야 했다. 그리하여 수도권은 기본이고, 대구, 부산 등 예비 고객이 만날 의사를 내비치면, 거리에 상관없이 전국을 돌아다녔다. 그러한 과정에 나는 사기꾼을 지칭하는 '○○팔이'라는 말까지 듣게 된다. 하나라도 팔아야한다는 욕구가 과해져, 고객에게 상품의 단점을 최대한 감추고, 최대한 그럴싸한 말로 포장해 구매하게 한 것이 화근이 된 것이다. 처음에는 그런 말을 들어도 '너희들이 잘 몰라서 그런 거야. 좋은 물건을 합리적으로 판매하는 거라고.' 하며 넘겼지만, 시간이 지날수록 영업에 대한 회의감이 커졌다. 또 언제 어디서든 최고가 되려 하는 나의 성향을 고려했을 때, 이대로 가다가는 치명적인 타격을 입을 것만 같아 '이 일은 그만둬야겠구나.' 싶었다.

한 분야에서 오랫동안 몸담고 있으면 그만큼 노하우가 생겨, 그일을 수월하게 잘할 수밖에 없다. 나도 영업 스킬이 쌓이면서, 통장에 월 1,000만 원이 우습게 찍히는 수준까지 가봤다. 하지만 관리해야 하는 고객이 많아져, 내 한 몸으로는 감당하기 불가능해졌다. 어디 그뿐이었겠는가. 전월 실적만큼 도달하기 위해 물불 안 가리는 내 자신과 마주했다.

여기에 몇 가지 에피소드를 공유해보면, 먼저 정수기 회사에 다닐 때였다. 한 약국에서 신규 계약을 했다. 기존에 사용하던 정수기를 처분해주는 조건이었기에 택시를 이용해 인근 재활용 쓰레기장으로 보내는 것까지 완벽하게 처리했다. 그런데 그날 밤, 고객이 다짜고짜 연락해서는 원상복구를 해놓으라며 으름장을 놓았다. 나는 이 계약을 놓치지 않기 위해 날이 밝는 대로 재활용 쓰레기장으로 달려갔다. 다행히 그때까지 정수기를 수거해가지 않았고, 제자리에 가져다 놓을 수 있었다. 그러고는 약국에서 몇 시간 동안 그의 푸념을 듣고, 원래대로 계약을 성사시켰다. 한번은 광고대행사에서 근무할 때의 일이다. 경기도 오산의 미용학원에서 광고를 맡기고 싶다고 연락이 와, 서울에서 왕복 4시간을 마다하지 않고 달려갔다. 그러나 첫 미팅은 고민으로 끝났고, 두 번째 미팅에서는 계약을 했지만, 며칠 후 해지하고 싶다는 통보 문자를 받아야만 했다. 미팅에 들인 순수한 시간만 따져 봐도 720분이 넘는데, 내가 할 수 있는 건 아무것도 없었다.

판매의 달인에 가까워졌지만, 업종 특성상 겪어야만 하는 의욕이 떨어지는 상황으로 인해 한숨을 쉬는 날이 점점 쌓여만 갔다. 탈출구가 절실했다. 꼬리에 꼬리를 물며 해결책을 찾아나가다가, 최종적으로 내가 일을 하지 않아도 수익이 생기는 구조에서 일을 해야겠다는 결론을 내렸다. 그리고 그제야 수많은 성공자가 이야기하는 "사람은 생각하는 대로 살게 된다."는 말을 체험하게 된다. 나의 청사진이 명확해지니, 아침에 눈 떠서 자기 직전까지 그 목표로 가기 위한 생각에만 몰입하게 됐고, 몇 개월 뒤 실적에 따라 웃고 울어야 하는 판매직을 정리하고, 전혀 다른 길로 가게 됐으니까.

그것이 바로 지금 하고 있는 비즈니스 카테고리 안에서 기업의 대표와 프리랜서를 대상으로 마케팅, 세일즈 등 매출 향상에 필요한 능력을 교육하는 일이다. 나는 방향을 전환하고, 온·오프라인에서 수천 명을 만났고, 그 가운데 수백 명이 수익 인증을 했다. 미처 연락하지 못한 수강생까지 포함한다면, 나의 수업을 통해 수익화를 낸 성공 사례는 1,000명은 족히 넘으리라 예상한다. 기억에 남는 몇명을 소개하자면, 어느 한 분은 모임 운영으로 소득을 낼 수 있다는 내용을 담은 내가 쓴 전자책을 참고해 즉시 실행으로 옮겨, 2달 만에 110만 원의 부수입을 얻었다. 또 다른 한 분은 미션을 지키지 못하면, 벌금을 내야 하는 스터디에서 6주 동안 자신이 세운 계획을 완벽하게 수행함으로써, 현업에서 쌓은 지식을 녹여낸 전자책과 컨설팅으로 월급 외 소득을 1,000만 원 이상 벌어들였다.

이처럼 나의 수업은 '0'에서 출발해도, 월세 이상의 수입을 만들어 내거나, 기존에 하는 일이 있다면, 판매가 일어나는 원리를 적재적소에 대입해 매출 증폭도 가능하게 한다. 한마디로 상황에 따른 프로그램을 추천할 수 있을 정도로 다채롭고, 체계적인 교육 시스템이 완성된 것이다. 조금 더 자세히 이야기하면, 나의 모든 커리큘럼은 '목표를 완수할 수 있는 환경 조성-기초 역량 쌓기-0원으로 비즈니스 모델 만들기-도출한 문제 집중 해결'이라는 단계를 밟아감에 따라 경제적 여유로 다가가는 구조로 짜여 있다. 감히 성공할 수밖에 없는 순환 체계라고 확신한다.

나는 본업을 뒷받침할 수 있는 연쇄창업도 병행 중인데, 그중에 어렴풋이 상상한 바를 현실화시키기도 한다. 예를 들어 회식 자리에서 매니저와 대화하다가 "모임이 계속 늘어나는데, 우리만의 아지트가 있으면 좋겠어요."라는 의견이 나와, 이튿날 예정에도 없던 공간을 마련하기 위해 부동산 수십 군데를 들렀다. 그런데 마땅한 곳이 없어 돌아가려는 찰나, 얼마 전 새로 지은 신축 빌딩을 보여주겠다는 말에 마지막이라고 생각하며 방문한 그곳을 계약했다. 이것이 현재, 사무실 위층의 모임 공간 탄생 일화다.

이런 내 모습에 "너무 무모한 행동 아닌가?"라고 할 수도 있다. 하지만 나는 인테리어의 'ㅇ' 자도 모르면서, 한여름에 땀을 뻘뻘 흘리며, 일주일 만에 제법 쓸 만한 곳으로 탄생시켰고, 공간을 완성하는 날, 나의 첫 종이책『초고속 성장』북콘서트를 열었다. 고백하건대 나는 그 이전까지 수십 명의 관객이 모이는 오프라인 행사를 열어본 적이 없었다. 그런데도 3시간 만에 티켓을 완판시키고, 사인회를 하면서 입구까지 줄을 선 관객을 보게 됐다. 북콘서트를 다수 기획해본 대표의 도움이 있었기에 맛볼 수 있는 짜릿함이었다.

나는 이를 바탕으로 '성장을 선택한 사람들'이라는 이름으로 강연 기획사를 만들었고, 상장사를 준비하는 기업의 대표부터 수십만 명의 팔로워를 보유한 인플루언서까지 섭외해, 매달 행사를 성공적으로 꾸준히 이어 나가고 있다. 아마 이런 나의 빠른 실행력은 앞으로도 온·오프라인에서 더 빛을 발하리라 예측한다. 각 필드에서 요구하는 요소를 순발력 있게 상호 보완하면서 지속적으로 강화시킬 테니까.

이렇게 한 분야를 파고들어 많은 사람의 인정을 받는 수준까지 다다르니, 매우 다양한 기회가 열려 있음이 느껴진다. 덕분에 매일 아침이 기다려지는 설레는 삶을 살고 있다. '무엇이 나를 여기로 데려다주었나?' 곰곰이 생각해보면, 온라인으로 나의 지식을 판매해야겠다고 마음먹은 찰나의 결단력이었다. 그것도 '완벽하지 않아도 시작하자.'는 굳은 의지로. 누가 뭐라 해도, 그때 나를 부로 이끌어 줄 스위치가 켜졌다고 믿는다. 왜냐하면 초등학교만 졸업해도 누구나 할 수 있는 방식으로 한 달에 1억도 벌어봤으니까. 모두가 궁금해할 그 방법을 바로 다음 장에 공개하려 하니, 흐름이 끊기지 않도록 멈추지 말고 따라오길 부탁한다.

벽을 넘지 못한다면 깨트려라

대학 시절, 사람들 앞에서 발표하는 것이 너무 두려웠다. 매일 같이 수업도 듣고, 식사도 하는 동기들이었는데도 말이다. 그로 인해 나는 단상에 올라가면, 마치 단기 기억상실증에라도 걸린 것처럼 힘들게 준비한 내용을 모두 잊고, 발표를 망치고 말았다. 반면, 마이크를 잡자마자 논리정연하게 자기 의견을 전하며, 학생은 물론 교수님까지 압도하는 친구를 보면, 얼마나 부러웠는지 모른다. 그랬던 내가 지금은 대본 없이도 수백 명 앞에서 2시간도 가뿐히 강의를 한다. 특히 관객의 호응을 유도하는 내 모습을 볼 때마다 많이 달라졌다는 생각에 웃음이 나기도 한다.

사람이 갑자기 바뀌면 안 된다지만, 나의 이런 변화는 생계의 위협에 의해서다. 사정은 이랬다. 내가 마지막으로 다닌 회사는 버스, 지하철, 택배 등 오프라인 광고를 판매하는 광고대행사였다. 그런데 코로나 이후 광고를 봐야 할 사람들이 밖으로 나오지 않으니, 광고주들이 하나둘 계약 연장을 하지 않았고, 월급이 반토막도 아닌 1/8 수준이 됐다. 이때는 아무리 손품, 발품을 팔아도 무용지물이었다. 그도 그럴 것이 코로나 전에는 어떠한 지역이든 네이버 플레이스에 등록된 업체를 중심으로 전화 5통만 해도, 미팅이 최소 2곳 이상 잡혔었다. 하지만 사회적 거리두기가 시행되니, 전화 100통을 해도 한탄 섞인 목소리만 돌아올 뿐이었다. 그런 와중에도 나는 무슨 자신감이었는지, 이 위기 속에서도 마스크 판매로 떼돈을 버는 누군가처럼 살아남을 방법이 있으리라 확신했다. 원래 돈이란, 돌고 도는 것이라 하지 않는가. 그러한 관점에서 나는 광고 트렌드가 오프라인에서 온라인으로 옮겨갈 것이라 예상했고, 이는 적중했다.

당시의 나는 직원 교육을 담당하는 실무진의 직책을 맡고 있어, 내 밥줄을 넘어 회사의 생존도 중요했다. 그래서 회사 대표에게 이렇게 제안했다. "오프라인 광고가 통하지 않으니, 온라인 기반 광고를 새롭게 런칭해보는 게 어떨까요? 제가 알아보니 블로그를 대신 운영하면서, 관리까지 해주는 서비스가 자영업자들 사이에서 유행하더라고요. 프로그램이 없어도, 지수가 높은 블로그를 가지고 있지 않아도, 글쓰기 실력만 있다면 충분히 승산이 있을 것 같습니다. 제가 직접 이 상품을 개발하고, 직원 교육까지 할 테니 추진할 수 있도록 해주세요."라고.

———— 스위칭

모르긴 몰라도 대표 입장에서 직원이 회사를 살린답시고, 이런 주체적인 의견을 제시하는데 거절하기가 어려웠을 거다. 그렇게 회사 측의 적극적인 지원을 받고, 온라인 광고 매출에 대한 지분까지 얻어내며, 브랜드 블로그 대행 광고 상품을 성공적으로 안착시켰다. 정확히 한 달 만에 예상치 못한 엄청난 결과가 나왔다. 한 업체에서 블로그 포스팅 몇 개만으로 2주 만에 1억 원 이상의 매출을 낸 것이다. 순식간에 동종 업계에 입소문이 났고, 광고 의뢰 문의가 쇄도했다.

그런데 문제점이 있었다. 이 시스템은 전적으로 블로그 담당자의 글쓰기 실력에 의해 승패가 나뉘었는데, 내가 감당할 수 있는 건 월 7개 업체가 한계였다. 또 나는 고객들이 마케팅의 효과를 얻으면 금액을 인상하거나, 글 작성 속도를 높여 더 많은 업체를 맡아 온라인 광고 총판매액의 일정 부분을 인센티브로 받는 혜택이 있어 열정을 낼 수 있었지만, 직원들은 달랐다. 본인에게 할당된 업체가 잘되건, 잘되지 않건 무관했으니, 나만큼 성의 있게 글을 작성하지 않았다. 하지만 그때 우리 회사에 광고를 맡긴 고객이 어떤 사람들인가. 코로나라는 갑작스럽게 마주한 위기 앞에서 지푸라기라도 잡아보겠다는 간절함으로 찾아온 이들 아닌가. 그들은 마치 몇 달 전의 나를 보는 것 같았고, 조금이라도 더 도움을 주고 싶어, 나의 글쓰기 비법을 직원들에게 복제해보려 했다. 그러나 내 의지만큼 쉽지만은 않았다. 동기부여를 일으킬 만한 장치도, 내 능력도 부족했다.

이 같은 상황에도 광고를 맡기고 싶다는 연락이 쏟아졌다. 대책의 시급함을 느끼고, '회사에도, 고객에게도 이익을 남길 수 있는 최선의 방식이 무엇일까?'를 온종일 연구했다. 그 끝에 '브랜드 블로그 운영법'이라는 주제로 광고를 맡기고자 하는 고객을 대상으로 강의를 하기로 했다. 이미 검증된 블로그 운영 방식을 전수하여, 그들이 직접 관리할 수 있게끔 하려는 의도였다. 더욱이 이는 업체를 알아가는 데 들여야 했던 시간을 줄여줄 뿐만 아니라, 각 사업장의 정보를 기반으로 글을 작성함으로써 경쟁 업체가 따라 할 수 없다는 강점이 있었다.

앞서 말했듯 내게 무대공포증이 있었지만, 아무런 문제가 되지 않았다. 코로나 시국이라 대면하지 않고도, 컴퓨터 한 대만 있으면 얼마든지 강사가 될 수 있는 환경이 이미 조성되어 있었던 까닭이다. 주저할 이유가 없었던 나는 곧장 자료를 수집해, 얼굴 노출 없이 완성한 VOD 강의로 첫 달에 약 500만 원의 수익을 냈다. 처음 판매한 영상은 다시 봐도 부족함 투성이지만, 나는 그를 통해 관련 시장의 니즈를 확인했다. 이에 나는 언제나 그랬듯, 해당 분야에서만큼은 최고가 되고 싶었다.

여기서 잠시 내 이야기를 더하자면, 나는 어떤 집단에 가더라도 매번 '최연소'라는 타이틀을 놓치지 않았다. 그것을 가능하게 한 비결은 가장 잘하는 사람을 처음부터 끝까지 카피한 것이라고 할 수 있다. 이번에도 어김없이 가장 잘나가는 강사를 찾아, 그들이 공개한 무료 강의와 유튜브 영상을 최소 100번씩 봤다. 그냥 보는 것이 아니라, 강의를 풀어나가는 방식은 기본이고, 목소리 톤, 자세, 제스처, 유머 코드까지 하나도 놓치지 않고 메모해 모방했다. 99.9% 성공할 수밖에 없는 방정식을 내 몸에 장착시킨 것이다. 그 뒤로 승승장구의 연속선상에 올라탔음은 두말할 필요가 없다.

그렇게 나는 현재까지 다양한 주제의 비즈니스 관련 교육을 기획하고, 만들고, 진행하며, 5,000명이 넘는 수강생을 만났다. 그리고 깨달은 바가 있다. 진정한 교육이라면, 수강생이 목표한 지점까지 도달하는 시간을 단축하도록 끌어줘야 한다는 점이다. 전제조건은 해당 교육이 당사자에게 꼭 필요한 내용이어야 한다는 것이다. 실제로 나와 1:1 컨설팅으로 만난 분은 현시점에서 군이 필요 없는 교육까지 과도하게 투자하고 있었다. 이를 파악한 나는 그에게 당분간 독서와 강의 듣기를 중단하라고 했다. 나의 강의조차도. 이어서 나는 지금 가장 필요한 것은 실행이라고 강조 또 강조했다.

개인적으로 나는 인풋보다 아웃풋이 8배 더 중요하다고 생각한다. 또한 나를 알게 됐다면, 배워야 할 것만 잘 선택해서 일상에 적용해, 물질적·시간적 낭비를 하지 않길 바란다. 이런 소망은 나의 모든 커리큘럼에 녹아 있고, 나의 수업을 듣는 사람들이 다음과 같은 '이상적인 4단계 교육 사이클'을 지키도록 함으로써, 성공 확률을 높이는 데 집중하고 있다.

내가 말하는 이상적 4단계 교육 사이클의 첫 번째 단계는 루틴화다. 인간은 자고로 게으른 존재이기에, 자기의 의지력을 믿기보다는 반드시 몸이 먼저 움직일 수밖에 없는 환경부터 설정해야 한다. 하루를 잘 시작하고, 마무리하는 루틴이 필요하다는 뜻이다. 이를 잘 구성해두면, 무엇을 할지 몰라 허투루 낭비하는 시간을 없앰으로써, 가용 시간이 늘어나 일상을 알차게 채울 수 있다.

다음은 기초 역량 쌓기다. 수익화를 이루려면 다양한 능력치가 필요한데, 대표적으로 글쓰기, 스피치, 마케팅, 세일즈, 디자인, 영상 편집 등이 있다. 이 가운데 최소 2가지는 자유자재로 다룰 만큼 미리 배워 진입해야, 시작부터 무수한 경쟁자를 제칠 수 있다. 그러려면 업계를 대표하는 사람을 찾아, 본인의 주관을 모두 내려놓고, 그가 하는 모든 방식을 1부터 10까지 모조리 따라 해볼 것을 추천한다. 그런 다음 새로 배워야 하는 능력을 기존의 능력과 조합하여 하나씩 늘려나가면, 더 쉽고 빠르게 효율적으로 학습할 수 있다.

세 번째 단계는 실전 연습이다. 두렵더라도 현실에 부딪쳐봐야 한다. "인생은 실전이다."라는 말처럼 곧장 실행하는 게 가장 빠른 길이기도 하다. 그러므로 몇 번을 시도해도 쓰러지지 않도록, 무자본 창업을 여러 차례 경험해보자. 여기서는 반드시 100만 원이라도 수익 창출을 목표로 잡아야 한다. 액수가 중요한 게 아니라, 머릿속으로만 생각했던 걸 시장에 내놓아서 소비자들에게 팔리는 경험 그 자체를 꼭 해봐야 한다.

마지막은 문제 해결이다. 돈을 버는 데 있어서는 정말 많은 문제가 발생한다. 내 의사 결정력이 미숙한 게 아니라, 지극히 자연스럽고 당연한 현상이니 심각하게 받아들이지 말고, 그저 하나씩 해결하기만 하면 된다. 방치하는 순간 재발하고, 시간이 지날수록 더 크고, 치명적으로 돌아오니까. 다시 말해, 마주하는 문제를 나중으로 미루지 말고, 즉각적으로 해결하자. 분명한 것은 큰 문제를 해결할수록 당신은 더 큰 돈을 벌 수 있다.

하루를 어떻게 살아낼지 계획도 세우지 못했는데, 감당하기 버거운 문제가 생기면, 그대로 무너질 수 있다. 또 좋은 사업 아이템을 발견하더라도, 기초 역량이 없다면, 절대 돈은 꾸준히 벌리지 않는다. 초등학교 수학을 건너뛰고 대학 수학을 이해할 수 없듯이, 정해진 순서에 따라 차근차근 올라가야 한다. 이 같은 이치를 나의 교육에 설정했기에, 특별한 세일즈를 하지 않았음에도 관련 업계에서 재구매율이 상당히 높은 편이다. 더불어 기존의 수입보다 적게는 2배, 많게는 100배까지 올랐다는 후기도 무수하게 쌓이기도 한다.

이렇듯 자타가 공인하는 탄탄한 수업을 할 수 있었던 데는 현 교육시장의 폐습을 극복하자는 나만의 철학이 뒷받침됐다. 실제로 교육업을 해보니, 유튜브에서 본 얕은 지식으로 자기 지식인 것 마냥 가르치는 사람도 있었고, 수강생에게 단계별로 수십만 원~수천만 원을 요구해, 1억에 달하는 빚이 생기게 하는 업체도 있다고 들었다. 개인적으로 이는 강사라는 위치를 악용해, 수강생의 생때같은 돈을 갈취하는 사기 행각이라고 본다. 이에 나는 '내가 경험한 것만 전하자.'라고 결심한 뒤로, 단 한번도 그 약속을 어긴 적이 없으며, 시간이 흐를수록 이 뜻이 더욱 커져, '대한민국의 폐업률을 1% 이상 낮추는 데 일조하자.'라는 최종 목표가 생겼다.

나는 내 강의가 좋으니 들으라고 하는 것이 아니다. 누구나 학창 시절이 존재한다. 초·중·고·대학교를 졸업하고, 사회에 나와서도 남들보다 뒤처지지 않기 위해 교육을 받는 것을 멈추지 않는다. 심지어 코로나 시국에 접어들면서 '자기 계발'은 핫한 키워드가 됐다. 이러한 분위기에 의해 과거에는 누군가를 가르치려면 수년간의 피나는 노력 끝에 사범대를 졸업해야 했지만, 지금은 누구나 돈을 들이지 않고도 몇 주 만에 그 타이틀을 얻어갈 수 있다. 내 경우만 봐도, 2만 원짜리 마이크 하나로 시작해서 2주일 만에 강의를 런칭했고, 그 이후 마주하는 모든 문제를 극복하면서 나만의 가치를 장착하니, 업계에서 나름 알아주는 강사가 됐다. 다시 말해, 내가 했던 것처럼 문제를 극복하고, 뚜렷한 기준에 따라, 소신 있게 무언가를 가르칠 수만 있다면, 전문가의 대열에 오를 수 있다. 수입도 자동으로 따라올 것이다.

여행하는 디지털 노마드,
꿈만 꾸지 마라

업계 상위 1%가 되고 나니, 각 분야의 전문가가 내 주변에 모이기 시작했다. 이에 그들과의 결속력을 더 강화해 커뮤니티를 형성하고자, 하루 루틴과 한 주의 계획을 철저하게 실행하는 스터디를 계속해서 운영하고 있는 중이다. 여기서는 매주 120% 정도 되는 난이도의 5가지 혹독한 미션을 제시하는데, 해내지 못할 경우 건당 5만원의 벌금을 지불해야 하므로, 서로 독려하며, 6주간의 시간을 보낸다. 이로써 힘든 시간을 같이 보냈기에, 모든 일정이 끝난 뒤에도 서로 필요할 때마다 도움을 주고받는 사이가 된다.

최근 나도 이 모임을 통해 잊지 못할 선물을 받았다. 먼저 북콘서트 협찬사를 모집한다는 나의 SNS 홍보글에, 전국 120개의 와플 매장을 운영해본 프렌차이즈 대표가 와플과 커피 세트를 지원한다는 약속을 했고, 이도 모자라 행사 당일에는 주말 장사를 마다하고, 직원을 대동해 나눠주는 것부터 뒷정리까지 도맡아주었다. 특히 헤어질 때, 환한 미소로 "제 도움이 필요하면 언제든 불러주세요!"라는 한마디는 천군만마를 얻은 듯했다. 또 한번은 굿즈 제작 판매 플랫폼을 운영하는 분에게 도움을 받았는데, 다름 아니라 수천만 원 단위의 프로젝트를 추진해야 하는 계획이 있어, 정부지원자금이 절실한 상황이었다. 이때 그는 본인의 경험을 토대로 정부지원사업에 채택되는 노하우를 세세하게 알려주는 동시에 사업계획서 검토부터 면접까지 힘을 보태주었다. 이렇듯 아무런 목적 없이 도움을 주는 사람들과 무언가를 한다면 시너지가 날 듯해, 두 사람과 함께 연쇄창업을 하기로 결정했다. 도움을 주고받는 사이에서 사업파트너로 확장된 것이다.

갑자기 내가 감동한 사례를 이야기해서 의아할 수도 있겠지만, 이처럼 대가 없이 제공하는 수강생이 주는 도움은 강사에게 꽤 의의가 크다. 바로 디지털 노마드의 삶과 깊은 연관이 있어서다. 최근 디지털 노마드가 큰 화두가 되고 있는데, 이를 위해서는 2가지 전제조건이 따라야 한다. 그건 바로 인풋을 하면 자동으로 아웃풋으로 변환되는 시스템이 구축되어야 하고, 나를 대신해 전적으로 조직을 처음부터 끝까지 맡아줄 수 있는 권한 위임을 할 수 있는 인력이 준비되어 있어야 한다는 점이다. 둘 중 최소한 하나는 충족되어야 내가 일을 하지 않고 있는 순간에도 수입이 끊이지 않는 구조를 완성할 수 있다. 그런데 지식창업 강사의 경우, 후자에 포커스를 맞추면, 그 시기를 앞당길 수 있다. 왜냐하면 위임은 사람과 사람 사이에서 신뢰를 담보로 하는데, 강사와 수강생 사이에 어렵지 않게 생기는 관계라서 그 기회를 잘 잡기만 하면, 여행을 다니면서도 수입을 창출하는 환상적인 라이프를 살 수 있다.

그렇다면 강사가 수강생의 전적인 도움을 받으려면 어떻게 해야 할까? 답은 아주 간단하다. 교육업의 본질인 수강생을 잘 가르치는 것에만 충실하면 된다. 하나에만 포커싱한 결과는 곧 드라마틱한 변화로 다가오고, 이를 경험한 수강생들은 소비자를 넘어 찐팬이 된다. 즉, 더 많은 수입을 얻으려고 하지 말고, 매 순간 어떻게 하면 수강생이 더 쉽게 이해하고, 빠르게 실행하게 만들 수 있을까를 고민해야 한다. 여기에 더해 수강생이 잘되면 나도 덩달아 잘되는 원원 구조가 형성된다면, 금상첨화의 그림이 펼쳐진다. 이 내용이 추상적으로 느껴질 수 있으니 실제 사례로 쉽게 설명해 보겠다.

1년 전 나는 막 퇴사한 한 수강생을 반년 동안 처음부터 끝까지 비즈니스를 알려주는 프로그램을 진행한 적이 있다. 이때는 불안감을 벗어나는 마인드셋부터 먼저 구매하고 싶다고 연락이 올 수 있는 마케팅과 구매 전환률을 비약적으로 올릴 수 있는 세일즈까지 가르쳤다. 그랬더니 정확히 6개월 만에 그 수강생은 월 1,000만 원의 순수익을 넘어섰다. 더 놀라운 것은 나는 이보다 4배 더 큰 소득을 단 하루 만에 벌었다는 사실이다. 이 성공 사례를 포트폴리오 삼아 서비스 기반 창업의 노하우를 문서 형태로 제작해 판매한 결실이었다. 수강생은 이미 큰 도움을 받았기에, 잠재고객에게 무료로 배포할 '월 천까지의 사업일기' PDF도 직접 수십 시간을 들여 집필해줬고, 상세페이지에 삽입할 매출 상승 지표도 공유해주었다.

이와 같이 내가 진심을 담아 수강생을 잘되게 할수록, 그 모든 공은 나의 이력에 보탬이 된다. 그 외에도 찐팬 수강생들은 나의 교육소득이 멈추지 않도록 다양한 일을 대신 해준다. 가령 보조강사로서 나 대신 수강생들을 관리한다든지, 본인의 SNS를 활용해 대신 홍보한다든지, 오픈채팅방에서 여러 질문에 대신 답변해준다든지, 도움을 받을 수 있는 영역은 셀 수 없이 많다.

나는 디지털 노마드의 삶을 절반 정도 이룬 것 같다. 집, 사무실, 카페, 호텔, 여행지 등 어디에서든 노트북 하나로 업무를 볼 수 있고, 온라인 교육은 전국을 넘어 전 세계까지도 수용 가능해졌으니. 이로 하여금 매출의 상한선도 단번에 돌파할 수 있었다. 아마도 이렇게 된 데는 나 자신을 믿고, 내 삶을 통제하려 했던 것이 밑거름이 된 게 아닐까 한다.

사무실을 나서며 늘 하는 말이 있다. "와! 벌써 시간이 이렇게 됐네요." 그만큼 일에 몰입했다는 방증이라고 생각한다. 우연한 단 한 번의 계기로 선택한 일의 사이즈가 커지며, 살면서 겪어볼 수 없었던 일을 매일 마주하고 있다는 게 나도 너무 신기하다. 만약 내가 지식창업을 하겠다고 결단을 내리지 않았다면, 지금은 뭘 하고 있었을지 떠올려보면 현재에 감사하지 않을 수 없다.

앞으로도 어떠한 재미있는 일이 펼쳐질지 기대가 된다. 잘되고 있는 안도감을 느끼며, 안정을 추구하기보다, 절대 멈추지 않고, 교육 업계에 더 깊숙이 몸담아, 내게 보이는 새로운 시야를 세상에 널리 알려야겠다고 다시 한번 다짐해본다.

상위 1% 교육자가 되려면 5단계 테크트리를 따라라

몇 달 전부터 대면으로 진행하는 1:1 컨설팅을 다시 시작해, 많은 예비·현 사업가를 만나 그들의 사소한 애로사항까지 듣게 됐다. 한 가지 신기한 사실은 모두 나처럼 지식창업 강사로서 부수입을 얻기를 희망한다는 점이었다. 이제 막 시작하는 사람뿐만 아니라, 이미 자신의 업에서 압도적인 성과를 내며 자리 잡은 분도 같은 뜻을 품고 있었다. 그중에는 화장품을 외국에 수출해 연매출 330억을 달성한 대표도, 국내·외 정상급 뮤지션들과 함께 작업을 해본 최연소 빌보드 차트인 프로듀서도 있었다.

이러한 현상에 나는 교육자라는 직업이 이제는 하나의 소득 창출 수단을 넘어, 만인의 로망이 됐다는 확신을 가졌다. 더불어 지금은 누구나 남을 가르쳐야만 하는 시대이며, 원리만 알면 간단하게 시작해, 적지 않은 부수입까지 벌어갈 수 있다고 장담한다.

나는 전자책, 영상 강의, 온·오프라인 세미나 및 강연, 그룹 코칭, 컨설팅, 종이책, 멤버십, 챌린지 등 세상에 공개된 모든 교육의 유형을 모두 경험해봤다. 이렇듯 지식을 전달하는 형태는 열 손가락으로 셀 수 없을 정도로 다양하다. 그런데도 누군가를 가르쳐야 한다는 무언의 압박감에 그 어떠한 종류든 쉽게 실행하지 못한다. 하지만 전혀 걱정할 필요가 없다. 강사를 양성하는 강사인 내가 최근 다양한 경험을 기반으로, 가장 빠르게 이 업계에 진입해서 성과를 내는 순서를 발견했고, 그것을 여기에 공유하고자 하니까. 단언컨대 아래 5단계 테크트리만 따라 하면, 당신도 최단기간에 상위 1% 교육자가 될 수 있다.

최단기간에 상위 1% 강사로 만들어주는 5단계 테크트리

• 1단계: 가르치고 싶은 주제를 발전시키는 과정을 하나의 SNS 채널에 기록해라.

빠르면 5년, 늦어도 10년 안에 결과가 아닌, 과정을 기록하는 사람이 살아남는다고 예측한다. 웹상에 양질의 정보가 넘쳐나고 있기에, 이제는 어떠한 상품을 선택하더라도, 평균 이상의 퀄리티가 제공됨을 체감했을 것이다. 이러한 현실에서 가격과 혜택만을 경쟁력으로 여길 것이 아니라, 본인의 성장기를 온전히 목격한 사람들을 팬으로 만들어야 한다. 그다음 이들을 대상으로 판매를 시작하면, 리스크 없이 가장 빠르게 수익을 창출할 수 있다. 이런 방식으로 한 분야에서 선두 주자가 된다면, 경쟁자들이 벤치마킹하기 위해 몰려들 것이다. 하지만 1~2가지는 따라 할 수 있어도, 세세한 감정이 들어간 성장 스토리를 카피하기는 불가능에 가깝다.

참고로 잠재 고객의 구매 전환율을 드라마틱하게 올릴 수 있는 건 결과가 한눈에 보이는 비포&애프터 포트폴리오다. 이때 '나'를 교육 대상으로 테스트한다는 개념으로 과거와 현재의 극명한 차이를 보여주면, 상세페이지에 사용할 콘텐츠가 넘치는 것은 물론, 수입이 없어 어려운 기간 없이 초반부터 상품이 잘 팔리게 된다.

그러므로 기록을 통해 인간의 망각을 극복하고, 머릿속에 자리 잡은 지식을 밖으로 표출하는 습관을 미리 들여놔야 한다. 블로그, 인스타그램, 유튜브 등 어떠한 플랫폼이든 상관없다. 다만 본인이 글을 잘 쓰는지, 소통을 잘하는지, 영상을 잘 다루는지를 파악하고 그에 맞는 유형을 선택하자.

- **2단계: 팬을 대상으로 비대면 무료 원데이 세미나를 열어라.**

많은 사람이 팬이 모이면, 전자책을 만들어 판매할 계획을 세운다. 가장 쉬워 보이고, 클릭 한 번으로 모든 것이 정리되니, 자동화 관점에서 이런 생각을 하는 것 같다. 그러나 지식창업에서 전자책은 극히 일부에 불과하다.

카피라이팅 강사로 이 업계에 데뷔한 내가 보기에 글쓰기 실력은 관성이다. 쓰면 쓸수록 속도가 빨라지면서도 퀄리티가 올라가고, 안 쓰면 안 쓸수록 점점 더 느려지고, 정교함은 사라진다. 개인적으로 나는 일주일에 글쓰기를 기반으로 한 콘텐츠가 수십 개가 나온다. 말하는 것보다 글 쓰는 속도가 더 빠르기에, 글을 먼저 적는 순서로 업무를 진행하는 편이다.

당신도 나와 같이 글을 자주 쓰라는 게 아니다. 굳이 지식을 전달하는 형태가 글이 될 필요가 없다. 생각해봐라. 우리는 글보다 말을 더 많이 하며 살아간다. 그런 면에서 글보다 말로 시작하는 게 훨씬 쉬운 방법이다.

만일 말이라는 유형을 선택했다면, 반드시 먼저 무료로 테스트를 해봐야 한다. 단 1만 원이라도 수강료를 받는 순간, '돈값을 못하면 어쩌지?'라는 부담감이 온몸을 지배하기 때문이다. 이는 제 기량을 발휘하지 못하게 할 뿐만 아니라 교육 퀄리티의 저하로 귀결된다.

그러니 처음에는 가르치고 싶은 하나의 주제로 무료 원데이 세미나를 작게 열도록 하자. 사람들 앞에서 자연스럽게 말하는 게 어려운 사람이라도, 온라인에서는 수강생들에게 보이는 화면에 자료를 띄워두고, 대본을 보며, 생생하게 읽는 방식으로 진행하는 건 누구나 할 수 있다.

• 3단계: 녹화한 영상을 빠른 속도로 반복 시청하며, 스스로 피드백해라.

2단계를 실행한 후에는 반드시 피드백과 개선점 도출 2가지를 세트 메뉴로 가져가야, 더욱 세련된 강사로 거듭날 수 있다.

최근 줌, 유튜브 라이브 스트리밍 등 세미나를 진행하는 데 활용하는 업무 툴은 영상을 자동으로 저장해주는 기능이 기본으로 탑재되어 있다. 혹여나 없다면, OBS 프로그램을 통해 처음부터 끝까지 화면을 녹화하자. 자신이 강의한 모습을 다시 본다는 것이 매우 어색하겠지만, 2가지 측면에서 문제를 발견해야 한다.

첫 번째는 '내용'이다. '과연 이걸 듣고 교육받은 사람들이 실행해서 효과를 볼 수 있을까?'라는 본질적인 질문에 따라서 정답을 내려야 한다. 맞다면 디테일만 보완하고, 아니라면 그렇게 될 수 있도록 뜯어고쳐야 한다. 분명 더 쉽고 구체적으로 설명할 수 있었지만, 그렇게 하지 못해 아쉬움이 남는 부분이 있을 것이다.

두 번째는 '습관'이다. 스피치를 잘하는 데 있어서는 많은 요소가 개입된다. 그중 아무 의미 없는 '어', '그', '저'와 같은 추임새를 자기도 모르게 반복하고 있다면, 다음 강의에서는 쓰지 않도록 머릿속에 인지하고 있어야 한다. 또한 일방적인 전달에만 끝나는 게 아닌, 수강생들이 실시간으로 이해했는지를 체크하고, 지루하지 않도록 쌍방향 소통이 포함됐는지를 점검해, 부족하다면 추가해야 한다.

이렇게 문제점을 찾아서 보완하면, 누가 보더라도 완벽한 강의에 가깝게 된다. 하지만 여기서도 한 가지 부족한 점이 있다. 오직 나의 시선에서만 봤다는 것이다.

- **4단계: 제3자의 솔직한 피드백을 기반으로 한 문제점을 찾아라.**

셀프 피드백을 통해 전반적인 완성도는 월등하게 높아졌을 거다. 그다음으로 해야 할 건, 수강생들의 솔직한 피드백이다. 왜냐하면 그들은 내가 보지 못한 문제점을 단 10초 만에 발견하곤 하니까.

압도적인 발전을 위해 제대로 된 피드백을 받으려면, 반드시 다음의 3가지 뜻을 포함해서 요청해야 한다. '나는 이 강의로 잘되고 싶다.', '강의에서 아쉬웠던 부분, 추가했으면 하는 내용을 가감 없이 말해도 상처를 받지 않는다.', '허례허식 없는 사실을 말해 달라.'

솔직히 판매자가 소비자들에게 접근해서 니즈를 파악하기란 여간 어려운 일이 아니다. 그러나 먼저 무료로 지식을 제공해 상대방이 이미 도움을 받았으니, 기브 앤 테이크 법칙에 의해 95% 이상은 진심으로 말해주게 되어

——— 스위칭

있다. 또한 예비 수강생들이 어떤 내용을 추가로 필요로 하는지는 이 과정에서 도출할 수 있다. 진짜 소비자가 하는 말이니 어찌 보면 이게 '찐 니즈'나 다름없다.

- **5단계: 모든 문제를 보완한 뒤 유료 교육으로 재편성해서 런칭해라.**

어떤 문제점이 있는지 파악했다면, 반드시 현실에 반영해서 해결하자. 그 양이 많으면 많을수록 상품성은 시작부터 주문이 폭주할 만큼 높아질 것이다. 1단계와 5단계의 모습이 다르면 다를수록 좋다. 당신이 계속해서 과정을 공유했기에 더 완벽한 강의를 위해 몸부림치는 열정 있는 강사로 비칠 수 있다. 최종적으로는 무조건 소비자들이 원하는 형태로 바뀌어 있어야 한다.

한편, 강사라는 사람은 해당 분야에서 누군가를 교육할 만큼 지식을 탑재했기에 '이건 당연히 알고 있겠지?'라는 지식의 저주에 빠져있을 가능성이 높다. 그러나 수익화를 하려면, 무조건 소비자의 눈높이에 맞춰야 한다. 그러니 아무리 사소한 내용이라도 놓치고 지나가선 안 된다. 그 이후에 가르쳤던 지식을 5단계 테크트리 안에서 무한 반복하면, 점점 더 경쟁자들에게 대체가 불가능한 수준에 이른다.

이를 다양한 형태로 변환시키면, 교육업 안에서 하나가 아닌, 여러 곳에서 월급 이상의 수입을 창출할 수 있다.

한 분야에서 남에게 알려줄 수 있을 최소한의 지식을 위 5단계 테크트리에 제대로 적용하면, 최단기간에 교육 소득을 충분히 만들어 낼 것이다. 아직도 교육을 할지, 말지 고민이라면 유튜브 채널 〈돈 버는 공략집〉에서 '100억? 1,000억을 줘도 절대 못삽니다.'라는 제목의 영상을 빠르게 정주행하기 바란다. 여기서 말하는 13가지 이득을 듣는다면, PDF를 작성하든, 세미나를 런칭하든, 당장 무언가를 시작하는 에너지가 생긴다고 본다.

나는 이 중에서도 8번의 '부를 축적하며 자아실현까지 가능'이라는 이득이 가장 값지게 다가왔다. 왜냐하면 경제적 여유를 얻으려고 하는 대부분의 사람이 수익을 창출하는 과정에서 돈을 목적으로 하기에, 어느 순간 자연스레 '내가 이 일을 왜 하는 걸까?'라는 질문을 하게 된다. 만약 이때 '과거 나의 어려웠던 시절을 겪고 있는 누군가를 돕기 위해서'라는 답을 할 수 있다면, 세상에서 가장 어려운 문제를 단번에 풀 수 있다. 또 이 이유가 변질되지 않도록 더 값진 지식을 획득하기 위해 그 누구보다 최선을 다해 노력할 것이다.

남을 도우면 그의 100배, 아니 1,000배를 얻어갈 수 있다. 겪어본 사람은 크게 공감할 테고, 더 큰 것을 얻기 위해 나눌 거다. 당신도 나처럼 매 순간 남을 돕고, 감사하다는 말을 수없이 들으며 살아갔으면 좋겠다. 그 가장 첫걸음은 SNS에 내가 가진 노하우를 가감 없이 공개하는 것부터다.

원대한 꿈은
잘게 나눠야 이뤄진다

　나는 시간이 많은 연쇄창업가로 평생을 살고 싶다. 바다가 보이는 카페에서 여유롭게 커피를 마시다 문득 사업 아이템이 스쳤을 때, 기약 없는 다음이 아닌, 반년 안에 구상한 것을 완성하는 인생 말이다. 이런 먼 미래의 꿈은 계속해서 잘게 쪼개야만 한다. 너무 멀어서 잡히지 않는 목표일지라도 그를 위해 당장 내일, 한 달, 6개월, 1년 단위로 할 수 있는 일을 계획해 실천으로 옮기라는 뜻이다. 그렇게 하지 않으면, 그것을 이루기보다는 마음속 한 구석의 아쉬움으로 남게 되는 건 자명하다. 나도 내 목적으로 나아가기 위해 이번 해에 반드시 완수해야 할 목표 3가지를 정해봤다.

　첫 번째는 디저트 카페를 차리는 것이다. 우선 디저트 카페를 설명하려면, 배달의 민족 김봉진 회장 이야기가 빠질 수 없다. 그는 한 인터뷰에서 "잡담은 곧 경쟁력"이라고 말했다. 이 이야기를 듣고 난 후부터 나는 2주에 한 번 두뇌 회전이 잘되지 않는 4시경, 사내 매니저들과 도넛이나 케이크 등을 먹으며 담소를 나누고 있다. 약 30분이 채 안 되는 그 시간에 다양한 아이디어가 도출되는 것을 여러 차례 경험했는데, 디저트가 그 매개체가 되어줌을 깨달았다. 먹거리 역할뿐만 아니라 대화를 이어갈 수 있게 해주는 것이다. 더욱이 나는 평소에도 카페를 방문하면, 조각케이크나 쿠키를 곁들일 정도로 디저트를 좋아해서 카페 창업에 대한 버킷리스트를 갖고 있었던지라 이런 긍정적인 면을 알았으니, 그 시기를 앞당기려고 한다.

또 요식업은 규격화된 매뉴얼로 해야 할 일이 명확하게 정해져 있는 분야다. 즉, 교육업처럼 창의성을 동원할 일이 많지 않아서 시스템만 잘 구축한다면, 큰 어려움 없이 운영할 수 있다고 생각한다. 물론 지역에 국한되어 수입의 한계는 있겠지만, 현재 하는 일과 전혀 다른 분야의 안정적인 사업을 더하여, 상호 보완할 계획이다.

더 세세하게 설명해보자면, 카페의 유형은 테이크아웃과 배달 전문이 될 것이다. 마케팅과 세일즈는 수년간의 시행착오로 단련했기에, 지역에만 머무르지 않고, 100개, 1,000개 단위로 전국으로 납품하는 구조로 가동할 수 있으리라 본다. 또한 교육과 연계하여, 소자본 카페 창업 온·오프라인 강의를 진행하고자 한다. 만일 권한 위임한 카페 운영자가 더 많은 매출을 올리고, 그 비결을 공유하면, 월급보다 더 큰 제2의 수입이 생기는 기반이 마련되는 건 시간문제다. 이것이 본업이 잘될수록 부업도 승승장구하는 지식창업과의 진정한 시너지 관계가 아닐까.

두 번째는 100명 수용이 가능한 강연장을 구비하는 것이다. 이유는 지금까지 여러 행사를 기획하며, 도움 되는 강연과 잘 팔리는 강연은 완전히 다르다는 강연 업계의 치명적인 문제점을 발견했기 때문이다. 대체로 이런 현실이다. 우리가 일상에서 쉽게 마주할 수 없을 만큼 대단한 업적을 이룬 강사를 섭외하려면, 시간당 수백만 원의 비용을 들여야 한다. 그런데 비싸다고만 할 수 없는 것이 그들이 전하는 내용은 유튜브에 공개된 뻔한 정보가 아니라, 돈을 주고도 못살 정도의 고급 정보다. 그리하여 그들을 초빙해 행사를 추진하는 기획사는 적자를 보지 않기 위해 자연스레 참가비를 올리고, 인상된 금액은 온전히 관객에게 큰 부담으로 자리 잡는다. 그렇기에 자체적으로 사람을 모을 수 있는 능력이 출중한 인플루언서들만이 이 시장에 자주 등장하는 이유이기도 하다.

일례로 나는 몇 달 전 여러 이유로 수천억 원에 회사를 매각한 대표를 연사로 초대하는 일정을 취소해야만 했다. 그의 저서를 읽고 깊은 감명을 받아 특강 제안을 했고, 흔쾌히 수락했지만, 최종적으로 금액적인 측면에서 할 수 없다는 결론을 낸 것이다. 아직까지도 아쉬운 감정이 남아있다.

이러한 문제를 해결하는 목표 중 하나로 강남권에 100명가량 수용할 수 있는 강연장을 임대할 예정이다. 임대료의 절반은 나와 지식창업 강사 양성 교육 과정을 우수하게 수료한 이들의 강연으로 충당될 것이다. 그 외에는 내가 배우고 싶은 사람들을 자유롭게 부르면, 수요와 공급의 문제를 단번에 해결할 수 있다.

세 번째는 생산성을 더 높여줄 사무용품을 제작해 유통하려 한다. 사업을 하다 보면, 매출을 더 높이기 위해 감정이 들어가는 서비스가 아닌, 무한대로 생산할 수 있는 제품을 판매하고 싶은 욕구가 자연스레 든다. 이에 나는 "세상에 가치를 제공한다."는 비즈니스의 제1 원칙을 지키자는 측면에서 트렌드를 파악해, 돈 되는 아무 제품이 아닌, 내가 현재도 쓰는 걸 자신 있게 팔아야겠다는 결심을 했다.

우리 회사에는 입사하면 4가지 용품이 주어지는데, 모니터 선반, 키보드·마우스 팜레스트, 사무용 의자, 타이머가 그것이다. 일을 하는 사람들이라면, 건강을 챙기기 위해서라도 무조건 사용해야하는 사무용품이라는 생각에 제공하는 것이다. 이는 실제로도 오랜 기간 앉아서 업무를 해야 하는 직원들의 목, 허리, 손목을 보호하고, 과도한 업무 가운데 잠시 멈춰 휴식을 갖게 한다.

나는 여기서 더 나아가 교육법인의 모든 타깃이 컴퓨터로 작업하는 사람이라, 위에서 언급한 사무용품을 판매하려는 계획을 하고 있다. 이때 믿고 구매하는 기존 수강생이 있다면, 기본 판매량이 보장되기에 이를 통해 단가를 낮추고, 제품력을 향상할 수 있다고 믿는다. 특히 타이머는 구매하는 이들이 지속해서 활용할 수 있는 시스템을 마련하려 한다. 하루를 48시간으로 살 수 있다고 할 정도로 시간을 잘 관리하는 방법이 담긴 PDF를 제공하고, 매일 아침 하루의 목표를 인증하며, 패턴을 잡아나가는 챌린지 등 몇 가지 전략을 세워뒀다. 이것이야말로 장사꾼처럼 팔아치우는 것이 아닌, 지식창업을 활용해 끝까지 책임지는 방식이 아닐까. 또 이런 흐름이 유지된다면, 시장에서 가격으로 경쟁을 하는 게 아닌, 그 외적인 요소들로 선두주자들을 단번에 추월할 수 있다고 확신한다.

사실 지금까지 밝힌 3가지 목표는 당장에 이루기 어려울 정도로 난이도가 높다. 그래서 나는 이상과 현실의 격차를 줄이기 위해, 아래와 같이 한번 더 잘게 쪼개어 실행으로 옮기는 중이다.

첫째, 전국에 100개 이상의 매장을 내본 경험이 있는 두 명의 프랜차이즈 대표에게 컨설팅을 받으며, 업계의 지식을 효율적으로 배우고 있다. 둘째, 매월 열리는 강연을 잘 이어갈 수 있도록 인터뷰 방식의 유튜브 콘텐츠를 추가했다. 셋째, 타이머를 원가에 가까운 가격으로 수주받을 수 있는 거래처를 확보해뒀다.

모르긴 몰라도 교육업을 발판삼아 추진할 3가지 일로 인해 올해 나의 수입은 최소 3.3배 이상 상승할 것이다. 결국 나는 하고 싶은 걸 다 해보면서 기존의 것을 강화하고, 리스크를 점진적으로 줄여

나가는 그림을 그리고 있다. 이처럼 연쇄적인 사고는 잠재력을 폭발시킬 무수한 힘을 얻게 해준다. 더불어 한계를 두지 않고, 무한한 가능성 안에서 희망회로를 돌리게 하니 상상만 해도 얼굴에 미소가 띈다.

물론 나도 사업적 재투자로 인해 큰돈이 한번에 나갈 때나, 가설이 연속으로 어긋날 때, 가만히 있어도 온몸에 에너지가 다 빠질 정도로 불안한 감정을 느낀다. 한 번이 아닌 여러 번 이런 감정을 느끼고 난 이후에는 행복과 불안은 죽을 때까지 공존할 수밖에 없다는 걸 깊이 깨달았다.

인간은 도파민에 지배당하는 존재다. 반면 한 번의 불안을 겪으면, 그것보다 더 큰 악순환에 빠지지 않는 이상, 그리 두렵지 않다. 행복도 마찬가지다. 행복을 맛봤다면, 이보다 더 큰 쾌락을 주지 않는다면 별 느낌이 없다. 양쪽 모두 동일한 원리가 적용되지만, 우리가 불안감에 더 강하게 반응하는 이유는 "얻는 것보다 잃는 것을 더 치명적으로 받아들인다."라는 경제학 용어 손실회피 때문이다. 그렇기에 행복은 아주 잠깐 스쳐 지나가지만, 불행은 더 자주 그리고 언제 끝날지도 모르게 오래 지속된다고 느끼는 것이다.

적당한 고통이 있으면, 적당히 성장한다. 다시 말해 더 큰 고통이 있어야만, 성장할 수 있다. 우리는 시간이 지남에 따라 필연적으로 행복과 불행의 격차는 더 커져만 가기에, 반드시 이 불행을 통제할 수 있는 자신만의 방법을 준비해야 한다. 그래야 지치지 않고 오래 갈 수 있다. 이러한 관점에서 내가 사용하는 방식은 불안한 감정을 느낄 때마다 내가 되고 싶은 모습을 지나칠 정도로 상상한다. 왜냐하면 당장 눈앞의 불안에서 벗어나기 위해 발버둥 치는 사이에, 현실에 치여 희망으로 가득 찬 목표와 꿈을 잊어버릴 가능성이 커지기 때문이다. 그러니 전쟁 같은 일상에서도 미래를 볼 수 있는 사다리를 놔야 한다.

"나는 ○○한 사람이 될 거야!"라고 근거 없는 자신감으로 무의식을 극대화한 뒤 하루를 시작하면, 그날의 농도는 확연히 달라진다. 얼마 전까지만 해도 나는 이를 태블릿 PC에 적기만 했으나, 스터디에서 만난 한 대표의 제안을 듣고 난 후로는 몇 달째 매일 소리 내어 말하고, 머릿속으로 상상하며, 명상을 하고 있다. 그렇게 하루하루 내가 그린 모습으로 나아가기 위해 노력하다 보면, 진짜 그렇게 이뤄졌다고 느끼는 날이 머지않은 시점에 올 것이라 믿는다. 여기에서 핵심은 마치 손에 잡힐 듯할 정도로 얼마나 그 모습을 생생하게 상상하는지와 매일 지속하는지에 달려있다. 누구나 할 수 있을 정도로 쉽지만, 이를 지속하는 사람은 100명 중 1명이 될까 말까 하니까.

또한 이를 통해 우리는 감정의 평균을 균형 있게 유지할 수 있다. 기쁠 때도 영원할 거라는 생각을 하지 않은 채 철저한 준비를 하고, 잘 풀리지 않을 때도 결국 잘될 거라는 믿음으로 목표를 이루기 위

해 작은 것이라도 실행한다면, 어떠한 시련과 풍파가 닥쳐온다고
한들 절대 쓰러지지 않는다.

끝으로 한 가지 당부하겠다. 아무리 환경이 나를 옥죄어 와도, 나
자신만큼은 거기에 동요하는 게 아닌, 최소 2수 앞을 내다보며, 다
음 스텝과의 연결점을 어떻게 찾을지에 대한 고민을 하자. 사사건
건 일희일비하지 않는다면, 당신은 언제나 성장곡선에 올라타 있을
것이다.

창업은 자아 성찰의 가장 좋은 도구다

김성공

극도의 리스크 겁쟁이에서
대범한 사업가로 인정받는
연쇄창업의 달인

2018년 첫 창업을 시작으로, 매년 3개 이상의 신규 창업을 하며, 32살의 나이에 월 1억 원 이상의 순소득을 달성한 연쇄창업가. 현재 온라인 교육, 오프라인 학원, 온라인 플랫폼, 대여 사업, 마케팅 에이전시 등 8개 사업을 동시에 운영하는 경험을 바탕으로, 리스크 없는 창업 방법론을 만들어 많은 사람에게 공유하고 있다. 모든 비결은 '미리 팔기'에 있다고 강조한다.

23살,
창업이라는 맨땅에 헤딩하다

23살 되던 해, 나는 창업을 하겠다고 마음먹었다. 단지 내가 해보고 싶은 게 너무 많다는 게 이유였다. 내가 해보고 싶은 것을 다 할 수 있는 인생을 살기 위해서는 딱 하나의 조건이 필요했는데, 바로 돈이었다. 그리고 그 돈을 가장 빠르게 벌 수 있는 유일한 길이 창업이라는 판단을 한 것이다. 그러나 그 결정을 한 지 단 하루 만에 나는 수많은 벽에 부딪히고 만다.

그 첫 번째는 부모님이었다. 내가 창업 이야기를 꺼내자, 두 분은 "남들처럼 공부해서 좋은 기업에 취업이나 할 것이지 웬 창업이냐."고 하셨다. 내가 공부하기 싫어서 꾀를 부리는 걸로 받아들인 듯했다. 두 번째는 창업에 대한 조언을 구할 곳이 없었다는 것이다. 가족, 친구, 친인척 모두를 통틀어 봐도, 창업을 해본 사람이 아무도 없었다. 어느 누구에게도 창업에 대한 도움을 구할 수 없었다. 온전히 맨땅에 헤딩해야 할 판이었다. 그렇다고 웹사이트 또는 앱 개발 관련 창업을 꿈꾸는 대학생 2학년인 내게 기술이나 자본이 있는 것도 아니었다. 내가 가진 거라고는 부모님에게 받는 월 20만 원의 용돈과 군대에서 모았던 100만 원이 전부였다.

이렇게 내 창업의 출발점은 평범함 그 자체였다. 아마 지금 이 책을 읽고 있는 새로운 도전을 앞둔 당신의 시작도 나와 크게 다르지 않을 것이다. 하지만 걱정할 것 없다. 왜냐하면 나는 10년 전 상상으로만 떠올리던 10년 후의 내 모습을 한참 뛰어넘었으니까. 그리고 당신도 나처럼 아니, 나보다 더 큰 성과를 낼 수 있다고 믿는다.

이쯤 되면 내가 무엇을 하는 사람인지 궁금할 것이다. 나는 현재 대전과 김포에서 가장 큰 규모의 초·중·고등학생을 대상으로 한 코딩학원 대표다. 그 외에도 한강 용품 대여 사업, 렌털 스튜디오, 마케팅 에이전시 등을 운영하고 있으며, 이런 나의 연쇄창업 경험을 노하우로 전달하기 위해 교육 플랫폼도 꾸려나가고 있다. 이를 통해 월 1,000만 원을 목표로 하던 나는 월 1억 원 이상의 소득을 내고 있다.

가장 높은 벽은
내 안의 불안감이다

고백했듯 10년 전 나는 창업을 할 수 있는 어떤 준비도 되어 있지 않았다. 그래서 당장 창업하기에는 어려울 듯해 기반을 잡기 위해 내가 할 수 있는 방법을 찾아 시도하고, 열정을 쏟았다. 가령, 독학으로 코딩을 학습하다가, 혼자 힘으로는 한계를 느낀 지점부터는 정부에서 제공하는 무료 교육에 참여했다. 그런데 무료로 진행하는 프로그램이다 보니 경쟁률이 꽤 높았고, 매번 최종 선발에서 탈락했다. 하는 수없이 나는 그때마다 담당 부서에 전화해, 나의 간절함을 전하고, 포기하는 사람이 나오면 연락 달라고 부탁했다. 그렇게 나는 아무것도 하지 않으면 0%인 가능성을 대기자 명단에 올려놓음으로써 50%로 만들어 기회를 만들어 나갔다.

물론 교육을 받아도 내가 원하는 수준까지 가려면 갈 길이 멀었다. 이에 나는 최저시급에도 못 미치는 월급을 받는 인턴 생활을 했다. 조금 더 빠르게 실무를 익히고 싶어서였다. 그리하여 나는 자발적으로 야근을 하기도 하고, 밤샘도 마다하지 않았다. 여기에 더해 나의 창업에 조언을 해줄 수 있는 멘토를 만나기 위해 100여 명의 창업가에게 SNS 쪽지 및 이메일을 보냈다. 그 당시에는 내가 그들에게 줄 수 있는 것이 거의 없어서 감정적으로 호소하는 게 전부였지만, 나의 절실함을 알아줄 사람이 있으리라 믿고 했던 행동이다. 실제로도 아무런 대가 없이 나를 돕겠다는 멘토가 나타났고, 유익한 정보를 얻을 수 있었다.

마지막으로 남은 산은 자본이었다. 나는 초기 자본을 마련하기 위해 코딩 기술이 어느 정도 올라왔다 싶을 때, 프리랜서로 활동했다. 처음에는 커리어도, 포트폴리오도 없어서 5만 원짜리부터 50만 원 사이의 소액을 받고, 고객이 원하는 사이트를 제작해줬다. 그 와중에 만족스럽지 못하다는 피드백이 오면, 울며 겨자 먹는 심정으로 100% 환불해주는 상황도 생겼다. 그런 과정을 겪으며 이력이 점점 쌓였고, 500만 원~1,000만 원 상당의 프로젝트를 수주하기도 했다. 그랬더니 창업을 결심하고 3년이 채 되지 않은 시점에 약 3,000만 원이 통장에 찍혀 있었다.

그럼에도 불구하고 나는 끝내 창업을 하지 못했다. 창업의 기본적인 요소라고 생각한 필요한 기술도, 자문을 구할 수 있는 멘토도,

창업 후 몇 달을 운용할 수 있는 자금도 있었지만, 계획을 무산시키고 말았다. 그제야 알았다. 나는 기반이 없어서 창업을 하지 못한 것이 아니라, 두려움 때문이었다는 것을. 내 마음속에 '창업했다가 망하면 어떡하지?'라는 걱정이 한가득 차지하고 있었던 것이다. 거기에는 내가 피땀 흘려가며 모은 돈을 한번에 잃을 수도 있다는 불안감과 실패 후 다시 도전할 수 없을 것만 같은 염려도 섞여 있었다.

어느새 2년이라는 시간이 더 흘러서 27살이 됐다. 부모님께 창업을 하겠다는 의사를 밝히고, 4년이 지날 때까지 두려움 때문에 제대로 된 시도조차 못한 것이다. 매일 '이토록 준비해놓고 왜 시작을 못하느냐?'고 스스로를 수없이 채찍질 해 봐도, 지나간 세월은 돌이킬 수 없었다.

꿈꾸던 모습을
눈앞의 현실로 만들다

내가 창업에 대한 두려움으로 아무것도 못 하고 정체되어 있을 때, 내 주변 친구들은 안정적인 회사에 하나둘 취업했다. 하지만 나는 겉으로는 축하하면서도, 속으로는 상대적 박탈감에 좌절해야 했다. 오랜 시간 내 나름대로 노력했지만, 내게 주어진 성과는 아무것도 없었기에.

그러던 어느 날, 멍하니 TV 뉴스를 시청하던 중 코딩을 공교육에 도입한다는 보도를 듣게 된다. 이는 누구나 코딩을 배워야 하는 시대가 온다는 의미와도 같았다. 자연스레 코딩학원을 차려볼까 하는 생각이 들었다. 코딩이 대중화되기만 한다면, 코딩 교육 사업은 잘 될 수밖에 없다는 확신이 있었던 것이다. 더욱이 나는 4년 전부터 코딩을 공부해왔고, 객관적으로 봐도 제법 괜찮은 실력을 갖추고 있어, 교육도 가능한 위치였던지라 도전해볼 만하다고 여겼다.

그런데 이게 무슨 일인가. 내 안에서 또다시 망설임이 일어났다. 학원 자리를 임대하고, 인테리어까지 하려면 최소 5,000만 원의 예산이 필요하다는 계산에 주춤한 것이다. 아무리 비전이 좋다지만 분위기를 가늠할 수 없었고, 대출까지 받아야 하는 액수였다. 그러나 더는 물러설 수 없었다. 이번에도 앞으로 나아가지 않으면, 꿈을 접고, 취업을 해야만 했기에 결단해야 했다.

그러다가 수요조사부터 해보자 싶어, 설명회를 갖기로 했다. 학부모를 모아서 코딩의 중요성을 알리고, 실시할 교육을 소개한 다음 반응을 보고 결정해도 늦지 않다는 결론을 낸 것이다. 그랬더니 비용에 대한 부담이 걷히면서, 아이디어가 마구 떠올랐다. 그때부터 나는 온라인으로는 지역 맘카페를 활용해, 오프라인으로는 전단지를 직접 나눠주면서 설명회 소식을 알렸다. 총 4번의 설명회를 열었고, 각 5~6명의 학부모가 참석했다.

이제는 학부모의 반응을 볼 차례였다. 설명회에 참석한 학부모 한 명, 한 명에게 연락해 교육을 진행하면 받을 의사가 있는지 물었고, 총 5명의 학부모로부터 굉장히 긍정적인 답변이 돌아왔다. 나는 드디어 창업을 해도 되겠다는 생각에 흥분됐다. 하지만 100% 확신이 들지 않았다. '5명이 처음이자 끝이면 어떡하지?'라는 또 다른 고민이 슬그머니 다가온 것이다. 나는 이때 내가 리스크에 대한 두려움이 다른 사람에 비해 극도로 큰 사람이라는 사실을 알았다. 전혀 도전적이지도 못하고, 대범하지도 못한 사람이 나였다.

이로써 내가 확신할 수 있는 무언가가 있어야 했기에, 교육 참여 의사를 밝힌 학부모들에게 다시 전화해 다음 주부터 스터디룸에서 교육을 진행할 것이라고 전했다. 위험 부담을 최소화하기 위해 학부모와 학생들의 반응이 지속적으로 긍정적인지 점검해보고 싶었던 것이다. 다행히 학부모들이 스터디룸에서 교육을 진행하는 것에 동의했고, 나는 5명의 학생으로 비로소 본격적인 코딩 교육 서비스를 제공했다.

매주 1회씩 교육한 지 한 달 무렵 됐을 때, 수업 인원이 10명까지 늘어났다. 기존에 수업을 듣는 학생들이 친구에게 소개하여 등록까지 이어진 것이다. 그만큼 학부모도, 학생도 매우 긍정적인 피드백을 주었다. 이쯤 되니 명확해졌다. 학원을 차려도 좋겠다는 확신 말이다. 그도 그럴 것이 10명의 학생에게 받는 교육비로 월 200만 원의 고정 매출이 발생 중이어서 학원 월세는 충분히 충당할 여력이 됐고, 수업 등록 의사를 밝히는 학부모가 점차 늘어나고 있었다. 게다가 스터디룸이라는 공간의 한계로 학생을 더 받지 못하고 있었기에, 학원만 차린다면 금방 학생이 늘어날 것이라는 99%의 믿음도 있었다.

더는 하지 않을 이유가 없게 된 나는 드디어 머릿속으로 그림만 그리던 사업을 실행으로 옮겼다. 먼저 보증금 3,000만 원에 월세 70만 원짜리 공간을 임대했다. 원래 학원이었던 곳이었던지라 인테리어 비용을 아낄 수 있었고, 학생들도 휴식기 없이 학원으로 등원할 수 있었다. 그렇게 시작한 학원은 6개월이 채 되지 않아, 학생 수 증원으로 더 큰 공간으로 이전했고, 5년이 지난 지금은 250여 명의 학생이 재원 중인 대전에서 가장 큰 규모의 초·중·고 코딩학원이 됐다.

리스크 없는 창업을 하려면 미리 팔아라

창업을 하겠다고 결심한 순간부터 그 꿈을 이루기까지 오랜 시간이 걸렸지만, 일련의 과정을 통해 나는 창업을 하면서 리스크 없이 창업하는 법을 확실히 배웠다. 여기까지 읽었다면 알겠지만, 나는 자본을 먼저 투입하지 않았다. 대신 고객 수요부터 파악했다. 이로써 창업에 대한 두려움을 완전히 제거할 수 있었다. 나는 이를 '미리 팔아보기'라고 정의하고, 이 방식을 알고 난 후부터는 1년에 최소 2~3개의 신규 창업을 했다. 온갖 두려움으로 4년간 단 한번의 시도조차 하지 못하던 내가, 수십 개의 연쇄창업을 할 수 있었던 이유다.

미리 팔아보기를 적용해 창업한 대표적인 사례로 '한강 용품 대여 사업'을 들 수 있다. 여자 친구와 함께 한강에 놀러 갔을 때였다. 평소 집에만 있다가 한강은 처음 방문하는 것이었고, 그곳에는 수 많은 커플로 북적이고 있었다. 그때 내 눈에 들어온 것이 있었으니, 대부분의 커플이 돗자리가 아닌 텐트를 쳐놓고 데이트를 즐기고 있 는 모습이었다. 속으로 '다들 집에 텐트를 하나씩 가지고 있나?' 하 며 두리번거리고 있는데, 우리 옆으로 텐트를 포함한 캠핑용품을 넣은 웨건(바퀴달린 수레)을 끌고 지나가는 한 커플이 있었고, 그 웨건 에 캠핑용품 대여점 상호가 적혀 있는 것을 봤다. 순간 호기심이 생 겨 매장 위치를 물어보고, 직접 대여해보기 위해 그곳으로 향했다. 거기에는 이미 많은 커플이 줄 서 있었고, 우리가 도착했을 때쯤에는 대여용품이 거의 소진된 상태였다. 운 좋게 마지막 캠핑용품을 3만 원에 대여했고, 내 뒤에서 줄 서 있던 커플은 허탕을 치고, 다른 매 장을 알아보러 갔다.

그렇게 빌린 텐트를 치고, 기분 좋게 놀면서 주변을 둘러보니, 조 금 전보다 더 많은 텐트가 쳐져 있음을 알 수 있었다. 그리고 대다 수가 캠핑용품 대여점에서 빌린 것이었다. 이에 나는 여자 친구에 게 "와! 캠핑용품 대여 매장 돈 진짜 많이 벌겠다. 3만 원에 빌려주 면 하루에 100팀만 받아도 하루 매출이 300만 원이네. 우리도 저 런 매장 하나 해볼까?"라고 물었다. 그랬더니 "이미 너무 많지 않을 까?"라는 답변이 돌아왔다. 그 말에 나는 얼마나 많은 매장이 있는 지 알아보기 위해 휴대폰으로 '반포 한강 텐트 대여'라는 키워드를 검색했고, 지도상으로 2~3개의 매장이 있었다. 그런데 지도 영역에만 매장 소개가 있을 뿐, 그럴듯하게 사이트를 만들어놓은 매장이 없었다. 그 당시만 해도 굳이 온라인 사이트를 구축하지 않아도 매장 운영이 잘된 덕분이었을 것이다. 그때 우리 뒤에 줄 섰던 캠핑용품 물량이 소진되어 헛걸음한 커플이 떠올랐다. 그리고 '캠핑용품 대여를 온라인 예약으로 편하게 해주면, 사람들이 많이 이용하지 않을까?'라는 생각이 들어 곧장 움직였다.

마찬가지로 매장을 먼저 오픈하지는 않았다. 미리 팔아보기 공식 대로 고객 수요 조사를 위해 '한강에피크닉'이라는 이름으로 간단한 예약 사이트를 만든 다음, 이용자가 사이트로 유입할 수 있도록 마케팅 작업을 했다. 그 결과, 2주도 채 되지 않아서 반포 한강 텐트 대여를 검색했을 때, 내가 만든 사이트 소개글이 블로그 영역에 노출됐고, 노출된 당일에 4건의 예약이 들어왔다. 나는 그걸 확인하고야 5개의 캠핑용품을 구매했으며, 예약은 다음 날도, 그다음 날도 10건, 20건씩 이어졌다. 수요가 충분하다는 것이 확실해졌으니, 투자만 하면 됐다. 처음에는 1,000만 원으로 아주 작게 출발해 반포, 여의도, 망원 3개 지점까지 빠르게 확장했고, 코로나 이전 3개 매장 모두가 잘될 때는 연 1억 원가량 순수익을 내기도 했다.

나는 미리 팔아보기로 두 번의 사업을 성공한 이후, 창업에 대한 두려움이 완전히 사라졌다. 이 방식만 이용한다면 창업은 전혀 리스크가 없는 것과 다름없으니까. 덕분에 나는 연쇄창업을 해나가고 있는데, 이를 아는 사람들은 나를 굉장히 대범하거나 도전적인 사람이라고 오해한다. 그런데 지금까지 내가 말했듯 나는 누구보다 두려움이 많고, 흔히 표현하는 쫄보에 가깝다. 이런 나도 연쇄창업을 하듯이 누구나 창업에 도전할 수 있다. 리스크 없는 방식을 이용한다면 말이다.

지금은 창업하기 가장 좋은 시대다

나는 두려움 때문에 창업을 시도조차 못하던 때에 취업을 준비한 적이 있다. '현업에서 잠깐 일하다가 창업해야 리스크를 줄일 수 있을 거야.'라는 나름의 핑계가 있었다. 다시 말해, 금전적이든, 실력이든, 기반을 만들어둬야 창업에 도움 될 것이라고 합리화 한 것이다. 그러나 안타깝게도 나는 모든 취업에 실패했다. IT기업 중 가장 큰 N사의 최종 면접에서 탈락했고, 국민 채팅 앱 K사에서도 떨어졌다. 금융권에도 지원을 꽤 많이 했는데, 필기에서 모두 탈락했다. 사정이 이렇게 되자, 나는 기업에 적합한 인재라고 여겨지지 않았다.

한편 창업에서는 보란 듯이 성공했다. 내 또래 중에서 나는 전혀 탁월한 편이 아니었다. 그래서 지금도 좋은 기업에 취업해서 일하고 있는 친구들이 나보다 훨씬 더 똑똑하다는 것을 안다. 이런 내가 창업을 한 번도 아니고, 여러 번 성공시키는 것을 보면 합리적으로 창업이 취업보다 쉽다는 것을 알 수 있다. 결코 운이 좋아서가 아니다. 운이 좋아서 성공한 거라면 1~2번의 성공에서 그쳤을 것이다. 이러한 관점에서 나는 진심으로 창업이 취업보다 쉽다고 믿는다. 또한 창업이 취업보다 리스크가 적다고 생각한다. 모든 창업이 그렇지는 않겠지만, 적어도 내가 하는 창업의 방식에서는 그렇다.

세상 사람들은 성과의 크기로 노력의 정도를 추정한다. 그래서 창업으로 많은 돈을 번 성공한 사람들을 보면서 취업한 나보다 훨씬 더 큰 노력을 투입했을 거라고 생각한다. 또는 정말 운이 좋아 성공했다고 착각한다. 그렇지만 결코 아니다. 지금 나는 수많은 성공한 창업가도, 취업한 여러 친구도 알지만, 그들의 노력의 크기는 크게 다르지 않다. 성과의 크기는 결코 노력의 크기에 비례하지 않다는 말이다. 단지 성공한 창업가들은 성과가 더 크게 나올 곳에 같은 크기의 노력을 투입했을 뿐이다.

그렇다면 왜 우리는 창업을 어렵다고 여기고, 내 진로 선택지 중에 없다고 생각할까? 바로 잘못된 방식의 창업에 익숙해졌기 때문이다. 당연히 큰 자본을 들여서 창업하는 방식은 자본이 적은 우리에게 전혀 적합하지 않다. 그러니 창업은 확률로 승부를 봐야 하고, 우리는 망하는 게임이 아닌 실패하는 게임을 해야 한다. 한마디로 창업을 해서 여러 번 실패할 수는 있어도, 단 한번이라도 망해서는 안 된다. 망한 것과 실패의 차이는 창업의 과정에서 많은 것을 잃었는가, 잃지 않았는가를 두고 결정 나는데, 고객의 수요를 확인하는 게임을 반복적으로 한다면, 단언컨대 실패는 할 수 있을지언정 망하지는 않는다. 아니, 실패 가능성도 현저히 낮다.

우리가 창업을 힘들게 받아들이는 또 다른 이유로는 창업에 익숙하지 않은 환경 탓이다. 우리 할아버지, 할머니 세대는 창업이 당연한 시대에 살았다. 누구나 저잣거리에 나가서 무언가를 팔아야만 생존할 수 있는 시대라, 절대다수가 무언가를 만들어서 팔아보고, 고객의 반응을 보며, 제품을 개선해 가격을 조정하는 등 요즘 창업이라고 부르는 형태의 삶이 자연스러웠다. 반대로 우리는 초·중·고·대학교를 나와서 취업하는 게 유일한 진로라고 교육받으며 자라왔다. 누군가에게 무언가를 파는 행위를 해본 적 없고, 어떻게 팔아야 하는지를 알려주는 이도 없었다. 그래서 창업은 아무나 할 수 없는 것이라고 이해하게 된 것이다.

이 같은 진실을 알았으니 이제라도 늦지 않았다. 창업해라. 이런 나의 주장에 "저는 회사에 잘 적응해 만족한 삶을 살고 있는데, 창업을 해야 하나요?"라고 질문할 수도 있겠다. 아니다. 분명히 말하지만, 나는 모두가 창업해야 한다고 강요하려는 것이 아니다. 세상에는 다양한 사람이 있어서, 창업을 해서 사는 것이 더 행복한 사람이 있을 것이고, 취업을 해서 사는 것이 더 행복한 사람이 있을 수 있다. 누구든 자신의 행복에 더 적합한 삶을 살겠다는 것은 무조건

존중받아야 마땅하다.

이 지점에서 나는 '현재 취업해서 열심히 일하고 있는 이들이 창업과 취업이라는 두 가지 선택지를 부여받고, 둘 중 하나를 선택하는 기회를 얻었는가?'라는 질문을 던져본다. 답은 모두가 생각하는 'NO'가 맞다. 우리는 취업이라는 선택지는 당연하게 받았지만, 창업이라는 선택지는 받아보지 못했다. 그래서 창업이 나에게 적합한지 경험해볼 기회 없이, 취업이라는 바늘구멍을 통과하기 위해 온 열정을 쏟고 있다.

내가 만약 10대~20대 초반에 창업이라는 진로 선택지를 경험할 수 있었다면, 훨씬 더 빠르게 내가 원하는 삶을 살 수 있었을 것이라고 본다. 그리하여 나는 그러지 못했지만, 다음 세대에게 만큼은 하루라도 더 빨리 이 선택지를 제공하고 싶다. 이에 나는 궁극적으로 '창업 대학' 설립을 목표로 하고 있다. 이는 대학 4년간 실무에서 전혀 활용되지 않는 지식을 학습하는 데에 시간을 보내는 것이 아니라, 끊임없이 소비자들이 원하는 것을 탐색하고, 가설을 세우고, 검증을 반복하는 것을 교육하는 기관이 되리라 자부한다. 더불어 그로부터 회사에 의존해야만 소득 활동을 하는 것이 아닌, 자생으로 소득을 낼 수 있는 즉, '창직'을 이뤄내는 이를 배출할 것이다.

나도 처음에는 창업을 단순히 돈을 벌기 위한 수단으로 생각했지만, 이제는 전혀 아니다. 창업은 자아 성찰의 과정이다. 내가 창업을 통해 더 많은 사람에게 가치를 전달하는 것이 나의 가장 큰 행복임을 발견한 것처럼, 창업은 나의 행복을 찾아가는 도구가 되어준다. 그런 성찰 뒤에 돈은 자연스럽게 벌린다.

다시 한번 이야기하지만, 창업은 취업보다 쉽고, 리스크가 없다. 그렇기에 당신도 충분히 도전해볼 만하다.

빠른 실행만큼 좋은 세일즈는 없다

백두현

길거리 누룽지 판매원에서
월 매출 10억 기업을 탄생시킨
몰입 실행 전문가

대학 시절, 누룽지 판매로 세일즈 세계에 첫발을 내디뎠다. 그 계기로 본인의 한계를 경험해보고자 다양한 상품을 판매하던 중, 직장에 다니면서 30만 원으로 시작한 온라인 쇼핑몰 사업이 단 1년 6개월 만에 한 달 매출 10억을 돌파한다. 현재는 30명의 직원과 건강식품 제조사, 유통, 3PL 물류, 디자인, 교육 사업을 운영하고 있다. 단언컨대 그의 빠르고, 끈질긴 실행력이 만든 성과다.

'들이대' 정신으로
세일즈를 시작하다

재수를 하고, 어렵게 대학에 입학했다. 그런데 공부는 너무 어려웠고, 나의 흥미도 채워주지 못했다. 그래도 졸업은 해야 했기에, 대학 생활 내내 전공과 전혀 상관없는 일을 했다. 그 첫 번째가 누룽지 판매였다.

조금 더 설명을 덧붙여 보면, 내 고향 전북 익산에는 매년 서동축제가 열리는데, 그때마다 지역 소상공인들이 행사장에서 물건을 판매한다. 그 가운데 내 눈에 띄는 게 있었으니 바로 사회적기업에서 만든 누룽지 제품이었다. 나는 그렇게 21살에 사회적기업을 처음 접했고, 취약 계층을 고용해 일자리를 창출하며, 제품을 만드는 착한 기업이라는 사실을 알았다. 그 순간 나는 좋은 일을 하는 곳을 돕고 싶다는 마음에 열심히 누룽지를 홍보하고 있는 대표에게 다가가 "사장님, 제가 누룽지 판매해보고 싶은데 물건 좀 떼 주실 수 있나요?"라고 했다. 그랬더니 그는 "젊은 친구가 아주 당차다."는 칭찬과 함께, 20봉지가 든 누룽지 한 박스를 그냥 내어주었다. 나는 곧장 집 주변 가게를 돌아다니며, 누룽지를 팔았고, 약 2시간 만에 3,000원짜리 누룽지 20개를 완판해 총매출 6만 원, 순수익 3만 원을 벌었다.

내 첫 번째 세일즈였다. 그리고 이 경험을 통해 '2시간 일하고 3만 원의 순수익이 생기다니.' 하는 놀라움과 함께, 무언가를 판매하는 일이야말로 나를 부자로 만들어줄 것 같은 어렴풋한 확신이 들었다. 그도 그럴 것이 그 당시 시급이 3,500~4,000원이었으니, 시간만 놓고 봐도 남는 장사였다.

이를 기점으로 나의 실행력이 과감해졌다. 세일즈에 대한 내 한계에 도전해보고 싶었던 나는, 직접 물건을 구매해 판매해보자는 목표를 세우고, 인터넷 서핑을 하던 중 생리대를 대량으로 저렴하게 판매한다는 내용의 광고를 보게 된다.

순간 나는 '만약 남자인 내가 생리대를 완판한다면, 이 세상 어떤 물건이든 팔 수 있지 않을까?'라는 생각이 스쳤다. 도전정신이 발동한 나는 가슴이 뛰기 시작했고, 즉시 생리대 4박스를 구매한 다음, 생리대 사용법, 디자인, 효능 등을 찾아 공부했다. 또 물건을 팔려면

　　　　　　　　　　　　　　　　　　　　　스위칭

누구보다도 내가 잘 알아야 한다고 생각해 생리대를 직접 착용해보기도 했다. 지금 돌이켜보면 내가 왜 그랬나 싶지만, 그만큼 나의 한계 테스트에 간절했고, 결론적으로 생리대 판매에도 도움이 됐다.

며칠 뒤, 나는 생리대 2박스를 들고 나가 판매를 시도했다. 그런데 예상과 달리 현실은 냉혹했다. 여러 번의 거절에 마트 입구 벤치에 앉아 오가는 사람들을 보며, 해결책을 궁리하던 나는 한 남성의 장바구니 안에 생리대가 있는 걸 발견했다. 느낌상 어머니나 여자 친구 심부름으로 구매한 듯했다. 나는 여기에서 팁을 얻어 남성들에게 생리대를 판매하기로 전략을 바꿨다. 그랬더니 아주 놀라운 일이 벌어졌다.

당시의 상황을 잠시 재연해보면 이와 같다. "안녕하세요. 생리대 파는 남자 '생파남'입니다. 제가 여성분들에게 선물하면, 사랑받을 수 있는 물건을 팔고 있는데요. 바로 친환경 한약 성분이 들어간 생리대입니다. 제가 직접 착용도 해봤는데 착용감이 좋더라고요." 와 같은 유머 섞인 멘트로 나와 비슷한 또래 남성을 공략했다. 처음에는 다들 "뭐 이런 놈이 다 있어?"라는 눈초리로 나를 쳐다봤지만, 내 말이 끝나면, 십중팔구 호기심을 보였다. 그리고 "진짜 착용해봤어요?", "여자 친구에게 선물하면 진짜 좋아할까요?"와 같은 질문이 이어졌다. 이러한 반응은 앞서 여성들에게 50번 넘게 거절당한 나에게 충분한 가능성과 함께 힘을 북돋아 주었다. 그렇게 다시 자신감을 붙이고 판매를 이어 나가, 생리대를 모조리 팔았다. 3시간

동안 거의 팔지 못하다가 1시간 만에 일어난 놀라운 성과였다.

이렇게 실패를 하다 보면, 문제를 해결할 수 있는 결정적인 아이디어가 나오곤 한다. 왜냐하면 온 정신이 오로지 실마리를 푸는 데 집중되어 있어서다. 이때 중요한 것은 아이디어를 행동으로 옮겨보고, 실패하면 방법을 바꿔서 실행해보는 것이다.

앞서 말한 나의 사례 역시 마찬가지다. 단순히 '생리대 판매'에 초점을 맞췄더니, 여성에게만 팔아야 한다는 고정관념이 사라지고, 사고가 유연해졌다. 생리대가 여자보다 남자들에게 더 잘 팔릴 거라고 누가 생각했겠는가! 여기에는 한 가지 비밀이 숨어 있는데, 그 과정을 통해 실패를 받아들일 수 있는 사람으로 성장시켜준다는 점이다.

그 뒤로도 이런저런 물건을 판매하다가 한번은 '물건을 판매하면서 여행을 하면, 여행 경비를 줄일 수 있지 않을까?'라는 생각이 들었다. 이어서 기존의 걷는 방식이 아닌, 기차를 타고 전국을 방문하면서, 지역 특산물을 판매해 얻은 수익으로 여행도 하고, 기부도 하는 신개념 국토대장정을 해보면 어떨까 싶었다. 또다시 의지가 불타오른 나는, 함께할 사람을 모으기 위해 '청춘 세일즈 기획단'이라는 타이틀로 포스터를 제작한 후 대학교 온라인 게시판에 모집글을 작성했다.

내 뜻에 공감하는 사람이 하나둘 모이기 시작한 반면, 댓글은 난

리가 났다. 다단계, 앵벌이라고 비꼬는 사람부터 사이비 종교라는 표현까지 있었다. 예상치 못한 반응에 두렵고, 당황스러웠다. 그럼에도 불구하고 나의 계획을 명확히 설명하고, 지원한 사람들을 대상으로 사업설명회를 진행했더니, 최종적으로 20명의 기획단이 꾸려졌다.

이제 본격적으로 기획을 해야 했다. 하지만 여기서도 난관에 부딪혔다. 대장정을 하려면 돈이 필요했는데, 당시 나는 21살의 무일푼, 무경험 대학생이었다. 고민 끝에 기업의 후원을 받기로 하고, 3페이지짜리 기획안을 만들었다. 100여 곳에 연락하고, 미팅을 했지만, 실패의 연속이었다. 이러다가 나의 꿈을 이루기는커녕, 함께하기로 한 사람들과의 신뢰가 무너질까 봐 두려웠다. 이에 나는 기획안을 다시 검토하면서, 30페이지로 보완해 다시 한번 제안했다. 결과는 성공적이었다. 하이트진로에서 후원을 약속했고, 이를 바탕으로 다른 기관과 기업체에 제안하니, 전라북도, 코레일에서도 후원의사를 전했다. 이로써 금전적인 문제를 해소함과 동시에 강한 신념을 체득했다. 목표한 바가 있다면, 실패하고, 보완하는 과정을 거듭하면, 성공할 수 있다는 진리를 말이다.

원초적인 숙제가 풀리자, 기획단의 움직임이 바빠졌다. 제일 먼저 신개념 국토대장정에 참가할 인원을 모집했다. 전국 대학생을 대상으로 각종 커뮤니티와 SNS로 공고를 했고, 100명 정원에 400명이 몰렸다. 말 그대로 대성황을 이룬 것이다. 그 비결은 아주 단순한 데 있었다. 우리는 대학생에게 가장 필요한 것이 취업에 도움이 될 경험과 스펙이라고 판단했고, 그에 따라 봉사활동 시간과 우수 활동자 기관장 표창 등 다양한 혜택을 부여하기로 한 것이다. 더불어 물건을 판매하며, 전국을 돌아다닐 수 있다는 특별한 경험이 참여자들의 이목을 끌기에 충분했다. 여기서 나는 사업을 할 때 상대방의 니즈를 파악하여, 그것을 충족시키는 것이 매우 중요함을 배웠다.

이처럼 귀한 가르침을 남긴 '청춘 세일즈'는 역사적인 기록도 안겨주었다. 3,500여 명의 대학생이 20만 개의 지역 특산물을 판매함으로써 전라북도 17개 기관에 3,800여만 원을 기부하는가 하면, 이 공적을 인정받아 '2015 대한민국 인재상'을 수상했다. 그리고 이 상을 받은 계기로 고등학생 때 담임 선생님에게 연락을 받았다. 후배들을 위해 강의를 해달라는 부탁이었다. 그리하여 나는 모교에서 100여 명의 후배 앞에서 내신 6등급 학생에서 대한민국 인재가 되기까지의 스토리를 풀어냈는데, 강의를 마치고 선생님이 해준 "내 기억에 백두현은 6등급이었는데, 지금은 1등급이다."라는 한마디가 지금도 인상 깊게 남아있다.

내신 6등급에 재수생 출신이 대한민국 인재가 될 줄은 아무도 몰랐을 것이다. 도대체 나에게 어떤 능력이 있기에 이런 과분한 상을 받게 된 것일까? 대장정 사업에 도움을 준 수많은 사람은 왜 나에게 도움을 줬을까? 이런 궁금증이 생기면서 나는 인간과 세상에 대해 더 알고 싶어졌고, 또 다른 도전에 호기심을 갖게 했다.

실행력은
인문학 서적 저자도 만든다

대학 시절 대장정 사업을 하면서 인간과 세상에 대해 궁금증이 커졌다. 이는 나를 인문학 세계로 끌어들였다. 그에 더해 고(故) 스티브 잡스의 "소크라테스와 밥을 먹을 수 있다면, 애플과 바꿀 수 있다."라는 말에도 영향을 받았다. 우리나라에 인문학 바람이 일어난 것이다. 덕분에 나는 인문학을 본격적으로 공부하고, 책 출간도 해보고 싶어졌다. 이런 마음을 먹었을 때만 해도 공대생인 나는 인문학의 'ㅇ' 자도 몰랐고, 주변으로부터 '또 무슨 엉뚱한 일을 저지르는 거냐?'와 같은 시선을 받았지만, 불과 2년 후 그 소망은 현실이 됐다. 그것을 가능하게 해준 것 역시 크나큰 실패에 있었다.

그 과정을 설명하기 위해 한 가지 질문을 하겠다. 볼펜을 깊이 파고들려면 어떻게 해야 할까? 이런저런 방법을 연구하다가 끝에는 볼펜을 만든 사람을 찾을 것이다. 그래야 근본적인 통찰에 이를 테니까. 나는 여기서 착안해 인문학 범주에 있는 철학, 사학, 고고학, 천문학, 신학, 법학 등의 영역에서 활동하는 교수님을 만나야겠다고 결심했고, 즉시 실행으로 옮겼다.

먼저 전국에 있는 대학교 홈페이지에서 학문별 교수님의 연락처와 이메일을 엑셀에 정리했다. 이후 인터뷰 제안서를 이메일로 보냈는데, 큰 실수를 저지르고 말았다. 다름 아니라 전송하면서 '개인별' 체크를 하지 않아, 내가 누구에게 제안서를 보냈는지 노출되고 만 것이다. 아니나 다를까 곧바로 괘씸하다는 듯이 몇몇 교수님이 내게 답장을 보내왔다. 그중 이런 내용의 메일이 있었다.

백두현 학생께

세상에 대한 궁금증과 인간에 대한 질문이 많다면, 이렇게 아무에게나 단체로 메일을 보내서 인터뷰 요청하고, 책부터 낼 생각하지 마세요. (중략) 무슨 질문을 하려고 하는지는 모르지만, 출판이 목적이라면, 출판 의도와 계획 그리고 원고 집필에 대한 구체적인 자신의 소견을 교수님께 밝히고, 교수님의 고견을 구한다는 정중한 요청이 우선입니다. 이건 인간사에서 기본적인 도리이자 예의이고, 세상이 돌아가는 방식입니다. 제가 보내는 메일이 백두현 학생이 지금 관심 갖고 있는 세상에 대한 궁금증과 인간에 대한 답변이 되었기를 바랍니다.

제 인터뷰는 이 메일로 대신하고자 합니다. 나중에 출간하게 된다면, 이 글을 꼭 실어 주길 바랍니다. 더불어 이 글은 다른 교수님이 선의의 피해를 보지 않도록, 단체 메일로 답변하고자 합니다.

OO대학교 OO학과 OOO 교수

내가 잘못한 부분을 정확히 꼬집어준 것이다. 부끄럽고 죄송한 마음에 숨고 싶었지만, 나의 행동에 기분이 상했을 교수님들께 진심을 담아 사죄의 이메일을 보냈다. 그리고 지금까지 해온 방식을 중단하고, 선택과 집중을 하기로 했다. 예를 들어 천문학 관련 교수님을 섭외하기 위해 그 학문의 권위자를 찾아 맞춤형 제안서와 질문지를 정성껏 만들어 보냈다. 그런데 이게 웬일인가? 무대뽀 정신으로 밀어붙였을 때는 50명 중 1명이 해줄까 말까 한 수준이었지만, 방법을 바꾼 후에는 4명 중 1명꼴로 인터뷰에 응해주었고, 인터뷰 질문과 내용의 깊이도 훨씬 높아졌다.

이런 방식으로 책에 담을 약 20명의 교수님 인터뷰는 마쳤지만, 출간이라는 큰 산이 남아있었다. 하지만 그에 대한 정보가 없었던 나는 출간한 경험이 있는 사람을 수소문해 출간하는 방법에 대해 물어보기도 하고, 내 원고를 봐달라는 뻔뻔한 부탁도 했다. 대부분이 친절하게 알려줬고, 나는 그들이 말한 대로 출간제안서를 작성해 출판사에 투고하기로 했다. 투고하려면 출판사의 이메일 주소를 알아야 했기에, 100여 곳의 출판사 홈페이지에 일일이 방문해 확인하고, 정리하는 작업을 했다. 그런 다음, 출간 요청의 이메일을 보냈다.

첫날에는 10곳의 출판사에 이메일을 보냈는데, 6곳은 아무런 응답이 없었고, 4곳에서 검토해 일주일 후 연락을 주겠다는 답변이 왔다. 기대하며 일주일을 기다렸건만, 돌아온 답변은 모두 거절이었다. 그렇게 100여 곳이 넘는 출판사에 제안했다. 어떻게 해서든 책을 내고 싶어, 출판사 담당자에게 연락해 책의 취지와 목적을 소개하면서 설득도 해보고, 내 간절함을 이메일에 담아 보내기도 했으나, 현실은 냉정했다. 책 출간은 나에게 멀게만 느껴졌다. 그런데 출간 제안을 시작한 지 한 달이 지나갈 무렵, 한 출판사로부터 연락을 받았다. 내 원고에 관심이 있다는 내용이었다. 곧바로 미팅 약속을 정하고, 며칠 후 나는 출판사 사무실을 찾았다. 비로소 나는 군 입대 3일 전에 그토록 원했던 출간 계획을 할 수 있었다.

이때 나는 책 출간도, 세일즈도, 연애도 똑같음을 인지했다. 10번 찍어도 넘어가지 않으면, 100번 찍는다는 자세로 집요하게 다가서면, 원하는 결과물을 손에 쥘 수 있다고 말이다. 이때 염두에 둘 것은 실패한 후 왜 실패했는지 치밀하게 곱씹어보고, 방법이 잘못됐다면 다른 방식을 강구해 실행으로 옮긴다면, 실패를 줄여나갈 수 있다는 점이다. 실패가 줄어든다는 것은 언젠가는 성공할 수밖에 없다는 뜻이다. 실패는 창피한 게 아니다. 실패했음에도 실패한 방법을 고수하는 것이 진정한 실패자이자, 낙오자로 가는 길이다. 실패의 경험치가 성공의 경험치로 치환되는 놀라운 경험을 당신도 느껴보길 바란다.

자본주의 먹이사슬의
끝판왕에 도전하다

2021년 3월, 익산 촌놈이 취업하면서 상경했다. 나름 대기업에 연봉도 괜찮았다. 하지만 출근 시간의 지하철, 실적 압박, 야근, 수직적 기업문화 등으로 괴로운 나날이 이어졌다. 나름 군대에서 장교 생활을 잘했다고 생각했지만, 회사 생활은 너무 다른 세상이었다. 이에 평생 직장 생활을 하게 된다면, 매일이 고통의 연속이겠구나 싶었던 나는 입사 일주일 차부터 스마트스토어를 했다. 직장인이라면 누구나 한번은 꿈꾸는 부업을 성공시켜 퇴사를 하기 위함이었다.

스마트스토어를 개설하고 내가 먼저 한 일은 나에게 제품을 공급해줄 도매처를 찾는 것이었는데, 운 좋게 도매처를 구한 나는 소싱한 제품을 쇼핑몰에 업로드 했다. 하지만 이것은 시작에 불과했다.

나는 상품을 업로드만 하면 판매가 일어날 줄 알았지만, 아니었다. 퇴근 후 3~4시간 자면서 관리해도, 한 달 매출은 고작 16만 원에 지나지 않았다. 절망적이었고, 희망이 없었다. 위염과 과민성대장증후군이 올 정도로 스트레스가 쌓였으며, 점점 지쳐갔다.

그런 와중에도 멈출 수 없었던 나는 가설을 세우고, 실패하고, 보완하는 과정을 3개월간 반복했고, 매출이 오르는 것을 눈으로 확인했다. 1개월 차에 16만 원이었던 것이 2개월 차 300만 원, 3개월 차 540만 원을 찍고, 4개월 차에는 무려 1,800만 원을 달성했다. 이로써 포기하지 않고 내가 적용한 방식을 실천하기만 하면, 시기가 문제이지 언젠가는 무조건 된다는 신념이 생겼다. 그리하여 나는 스마트스토어 오픈 6개월 만에 퇴사를 했다. 그리고 쇼핑몰로 돈 벌어서 퇴사했다는 스토리를 유튜브를 통해 알렸더니, 자연스럽게 나에게 강의 및 컨설팅을 받고 싶어 하는 사람이 늘어났고, 마침내 쇼핑몰 판매 노하우를 알려주는 교육 사업을 런칭했다.

교육 사업에 뛰어들면서부터는 "어떻게 하면 나에게 교육받은 수강생이 매출을 더욱 잘 내게 할 수 있을까?"를 고민하게 됐다. 그러던 중 수많은 쇼핑몰 운영자가 좋은 제품을 소싱받을 수 있는 도매처를 구하는 데 어려움을 겪고 있음을 알게 됐다. 나 또한 초보 시절 도매처 대표를 만나는 게 부담스럽기도 했고, 제조사에 연락하는 것조차 힘들어했던지라 백분 이해되는 부분이었다.

나는 이러한 현실을 해결하기 위해 건강식품 전문 도매몰 '보부상 B2B'를 만들어 제품을 공급했는데, 예상대로 매출이 증가하는 수강생이 늘어났다. 교육 서비스뿐만 아니라 제품을 도매가로 제공해주니, 수강생 입장에서는 교육을 들으면서 부담 없이 제품을 소싱할 수 있어, 기분 좋은 결실이 맺어진 것이다. 이로 하여금 나는 불과 퇴사 2개월 만에 매출 파이프라인이 교육 사업, 도매몰, 소매몰(스마트스토어, 쿠팡 등) 총 3개가 됐다.

그런데 나는 수강생들에게 무언가를 더 나눠주고 싶었다. 그들이 더 잘되게 하려면 내가 어떤 사업을 해야 할지 스스로 묻고, 또 물었다. 그 질문 끝에 건강식품 제조라는 답을 찾았다. 내가 만약 건강식품을 최저 금액에 최소 수량(MOQ)으로 보급해준다면, 수강생은 매출 상승의 기회를 얻는 것은 기본이고, 본인만의 제품은 리스크를 줄이고, 쉽게 제조할 수 있겠다는 판단이 선 것이다.

그러나 비전공자인 나에게 식품 제조는 큰 벽이었다. 그래도 언제나 그랬듯 목표를 정하고 정진하면, 길이 열린다고 믿고, 제조공장을 만들겠다는 일념으로 식품 전문가, HACCP 설비 전문가 등을 만나며, 필요하다면 돈을 지불해서라도 도움을 구했다. 결국 나는 2개월 만에 식품 제조공장 설비를 마쳤다. 만일 준비 과정에서 나의 요청에 힘을 보태주는 사람들이 없었다면, 결코 이룰 수 없는 결과였을 것이다. 다시 말해 나는 수많은 기회는 사람을 통해서 온다고 확신한다. 이러한 믿음은 인문학적 소양에서 비롯된 것이라고 보는

데, 사업을 할 때도 내가 중요하게 생각하는 부분이다. 어떤 일이든 사람과 사람이 만나야 이뤄지기 마련이니까.

아니나 다를까 제조공장을 가동하니, 수강생들의 매출이 눈에 띄게 성장했다. 본인만의 제품을 최소 수량 100개로 제조할 수 있도록 도움을 주고, 제조 후 보관·배송·발송 업무까지 지원해주니, 창고가 없는 개인 셀러 입장에서는 쇼핑몰 운영에 걸림돌이 됐던 많은 부분이 해소됐다. 여기에 더해 디자인에 어려움을 겪는 이들에게 제품 패키지 디자인 서비스를 제공하는가 하면, 판매를 원활하게 이어갈 수 있도록 보부상 B2B에서 판매를 지원해주는 등 실질적인 보조를 해주고 있다.

스마트스토어로 시작한 매출 파이프라인이 이제는 다각화됐다. 제조, 소분, 도매, 소매, 3PL 물류, 디자인, 교육사업 총 7개 사업에서 매출이 일어나고 있으며, 퇴사 1년 6개월 만에 30명의 직원과 한 달 매출 약 10억 원을 달성할 정도로 회사가 성장했다.

다시 2021년 3월로 돌아가 보자. 회사에 다니면서 부업으로 30만원으로 시작한 쇼핑몰 사업이, 1년 반 만에 한 달 매출 10억여 원의 자타가 인정하는 기업이 됐다. 안주한 상태로 쇼핑몰에 도전하지 않고, 실행하지 않았다면, 부의 추월차선을 타지 못했을 것이다. 스마트스토어 판매에서 시작해서 도매 그리고 제조의 영역까지 빠른 시간에 자본주의 먹이사슬의 최상단으로 올라올 수 있었던 원동력은 누가 뭐라 해도 '미친 실행력' 덕분이다. 누군가가 내게 이를 한마디로 표현해보라고 하면, 군대 시절 대대장이 내게 해준 말을 해줄 것이다.

"군수과장! 전쟁이 났는데 군장 쌀 시간이 어디 있나! 군장을 덜 싸더라도, 고지부터 점령해라!"

이 말은 준비가 덜 됐더라도, 목표치를 향해 나아가는 게 중요하다는 뜻이다.

쇼핑몰을 시작하면서 '사업자등록증은 어떻게 내지?', '상품 등록은 어떻게 하지?', '제품이 안 팔리면 어떻게 하지?', '구매한 고객이 환불을 요구하면 어떻게 하지?', '세금 처리는 어떻게 하지?' 등과 같은 고민이 발생할 것이다. 그런데 시작도 안 했는데, 고민한다고 해서 삶이 바뀔까? 그렇다면 미리 쇼핑몰을 공부하고 시작해야 할까? 아니다. 이 책을 읽고 실행력 DNA를 탑재했다면, 사업자등록증부터 발급받아라. 그리고 스마트스토어를 개설하고, 도매처를 통해 제품을 소싱해 상품을 업로드 해보는 것이다. 그냥 하면 된다.

갓난아기가 온전히 걷기 위해서 수없이 넘어지듯이 우리도 가설을 세우고, 실패하고, 보완하는 과정을 통해 포기만 하지 않는다면, 누구든지 매출을 낼 수 있고, 경제적 자유에 가까워질 수 있을 것이다.

온라인 쇼핑몰 세계를 파헤치다

최근 부업에 대한 관심이 갈수록 높아지고 있다. 그중 가장 대표적인 것이 스마트스토어인데, 이미 유튜브에 이와 관련한 정보가 넘쳐남에도 여전히 시도조차 못하는 사람이 많다. 이에 나는 온라인 쇼핑몰로 인생을 역전시킨 경험자로, 더 많은 사람이 경제적 자유를 누렸으면 하는 바람으로, 내가 발견한 온라인 쇼핑몰 세계의 비밀과 수많은 카테고리 중 건강식품을 선택한 10가지 이유에 대해 이야기해보려 한다. 부디 이를 참고해 당신도 인생을 바꿀 스위치에 불을 켜봐라.

우선 내가 발견한 온라인 쇼핑몰로 인생 역전을 하기 위한 비법은 카테고리를 잘 선택해야 한다는 것이다. 이를 설명하기 위해 내가 관심 있는 분야가 의류라고 가정해보겠다. 옷을 좋아한다고 해서 온라인상에서 옷을 잘 판매할 수 있을까? 분명히 말하지만, 좋아하는 것과 잘 판매하는 것은 전혀 다른 문제이다. 물론 옷을 판매하는 데 도움이 될 수는 있지만, 판매를 잘할 수 있다고는 장담하지 못한다.

그러면 카테고리를 잘 선택하려면 어떻게 해야 할까? 아주 간단하다. 네이버에서는 소비자들이 어떠한 키워드를 한 달에 몇 명이 검색하는지에 대한 데이터를 오픈하고 있는데, 판다랭크나 헬프스토어를 네이버에 검색한 다음 내가 판매하고자 하는 키워드를 검색해보자.

종합분석		연관키워드				판매가능상품	

📊 모든 연관키워드 ⓘ 광고 네이버 광고연관 검색 네이버 검색연관 인기 카테고리 인기검색어 상품 판매상품 제목키워드 쇼핑 쇼핑연관키워드

키워드	출처	카테고리	검색량 ⬍	상품량 ⬍	경쟁률 ⬍	쇼핑전환 ⬍
글루타치온	광고 인기 상품	기타건강보조식품	737,500	97,187	0.13	2.16
글루타치온효과	광고 검색 인기 쇼핑	기타건강보조식품	202,220	4,307	0.02	4.44
콘드로이친	인기	기타건강보조식품	180,500	119,535	0.66	4.53
콜라겐	상품	콜라겐	142,500	1,043,292	7.32	2.13

그러면 위의 사진과 같이 키워드에 따른 검색량, 경쟁 강도, 전환율 등을 알 수 있다. 그렇다면 이를 토대로 검색량은 많고, 경쟁 강도는 낮으며, 전환율이 높은 키워드를 찾아 상품을 판매하면 큰돈을 벌 수 있다.

하나의 예를 더 들어보겠다. 아래의 좌측 표는 건강식품 관련 키워드의 검색량, 경쟁 강도, 전환율을, 우측 표는 남성 의류 관련 키워드의 검색량, 경쟁 강도, 전환율을 나타낸 것이다. 두 개의 카테고리 중 우리는 어떠한 선택을 해야 성공 확률을 높일 수 있을까? 바로 우측의 건강식품 카테고리이다. 이유는 앞서 말했듯 검색량은 많고, 경쟁 강도는 낮고, 전환율은 높으니까.

키워드	검색수	경쟁강도	전환율
오메가3효능	49300	0.06	2.15
식물성알티지오메가3효능	48700	0.11	4.49
알티지오메가3효능	6180	0.12	4.27
알티지오메가3	194800	0.31	2.69
식물성rtg오메가3	11000	0.5	5.6
약국오메가3	1640	0.52	3.44
약국오메가3	1640	0.52	3.44
초임계알티지오메가3	16700	0.61	5.73
해조류오메가3	440	1.19	0.11
오메가3함량	920	1.5	2.44
rtg오메가3	33600	1.77	1.92
식물성오메가3효능	240	2.1	3.38
알티지식물성오메가3	1870	2.56	4.13
미세조류	970	2.86	0.02
미세조류오메가3	560	6.38	4.28

키워드	검색수	경쟁강도	전환율
남자브이넥반팔	4,750	22.01	0.34
남자카라티	19,600	34.7	0.95
남자반팔티	118,800	54.07	2.21
남자반팔브랜드	1,270	79.34	0.39
여름남자코디	2590	120	1.55
남자반팔셔츠	34,900	209	1.42
남자남방	6970	250.01	1.65
남자반팔티셔츠	6870	878.28	2

내가 온라인 쇼핑몰을 시작하면서 선택한 것도 건강식품이었다. 서울 약령동 시장에 건강식품 업체가 많다는 정보를 듣고 무작정 찾아갔다. 아무 매장이나 들어가서 제품을 도매로 공급해줄 수 있느냐고 제안했고, 온라인 쇼핑몰에 대해 아무것도 몰랐지만, 나의 최대 강점인 실행력 덕분에 3곳의 도매처를 확보할 수 있었다. 이쯤 되면 궁금할 것이다. 하필 나는 왜 수많은 카테고리 중에서 건강식품을 선택했는지. 여기에는 10가지 이유가 존재한다.

첫째, 건강식품 시장은 매년 고성장 하고 있다. 한국건강기능식품협회에 따르면 건강기능식품 시장 규모가 6조 원을 돌파할 것 이라고 예측했다. 그만큼 소비자들이 많이 구매하고 있으며, 시장성은 매년 두 자리 수 성장세를 이어나가고 있다. 시장을 이기는 개인과 기업은 절대 없다. 만약 시장의 성장세에 반하는 사업을 하게 된다면, 어려움에 직면하게 될 가능성이 크다. 이는 우리가 고성장하고 있는 산업에 투자를 해야 하는 이유이다.

둘째, 반품, 교환, 환불 등 CS 소요가 적다. 혹 의류 쇼핑몰을 운영한다고 해보자. 옷에 보풀이 일어나거나 사이즈가 안 맞는다면, 반품, 교환은 기본이고, 고객의 불만을 응대하면서 물질적·정신적 소모를 감당해야 하기도 한다. 이것이 얼마나 스트레스받는 일인지 안 해본 사람은 모를 것이다. 이 문제로 쇼핑몰을 포기하는 사람이 많을 정도로 온라인 쇼핑몰 사업을 하는 데 있어서 CS적인 요소는 늘 고민이다. 반면에 건강식품은 제품에 큰 하자가 없다면, 문제를 제기하는 고객이 나오지 않을뿐더러, 제품을 개봉하는 순간 교환이나 반품이 안 되므로, 다른 카테고리에 비해 이에 대한 우려가 현저히 적다.

셋째, 마진이 좋다. 건강식품은 다른 카테고리에 비해 원가가 낮아 마진율이 좋은 편에 속한다. 어떠한 상품이든 판매자 입장에서는 마진이 좋아야 안정적으로 쇼핑몰 운영을 할 수 있다.

넷째, 계절의 영향을 받지 않는다. 농산물을 판매하는 셀러와 여성 의류를 판매하는 셀러가 있다고 가정해보자. 농산물은 제철에만 나오는 특성이 있어서 변동성이 크다. 또 여성 의류는 계절에 따라 상품을 변경해줘야 하며, 여름철에 잘 나가는 상품을 대량 매입했다가 판매가 안 되면, 내년 여름을 기다려야 한다. 게다가 그때까지 재고로 쌓이니 리스크가 크다. 하지만 건강식품은 4계절 내내 판매가 잘되니 그런 걱정을 하지 않아도 된다.

다섯째, 택배비가 저렴하다. 제품이 크면 그만큼 배송비가 높게 설정된다. 예를 들어 영양제 1개를 택배 보낼 때와 조립식 의자를 택배로 보낸다고 했을 때, 택배 크기도 차이가 나겠지만, 포장할 때도 영양제가 훨씬 간편하다. 또한 유통기한이 길어 배송기간에 변질될 확률이 매우 적어서 건강식품만큼 택배 보내기 좋은 카테고리는 없을 것이다.

여섯째, 고객들의 재구매율이 높다. 한 번 섭취한 영양제는 계속해서 재구매하는 특성이 있다. 건강식품은 사람마다 잘 맞는 성분 또는 선호하는 제품이 있어 재구매가 잘 일어난다. 이는 다른 카테고리에서는 찾아보기 힘든 특징이다.

일곱째, 다량 구매하는 사람이 많다. 건강식품은 평균 2.7개를 구매한다. 즉, 한 개씩 구매하는 사람보다 2개, 3개, 10개씩 구매하는 사람이 많다는 뜻이다. 이러한 모습은 홈쇼핑에서도 나타나는데, 유독 건강식품 판매 방송에서 6개, 12개, 20개씩 묶음 판매하는 것을 볼 수 있다. 홈쇼핑사에서도 소비자들이 건강식품은 소량보다 다량 구매한다는 것을 알고 있어서다.

여덟째, 경쟁 강도 1 이하인 키워드가 많다. 판다랭크 사이트에서 건강식품과 관련된 키워드를 검색해보면, 경쟁 강도 1 이하인 키워드가 무수히 많은 것을 확인할 수 있다. 경쟁 강도가 1 이하라는 것은 100명의 소비자가 A라는 키워드를 검색했는데, A라는 키워드로 판매하는 사람이 검색량보다 적다는 뜻이다. 한마디로 돈을 벌 수 있는 키워드인 것이다.

아홉째, 셀러들이 잘 도전하지 않는다. 건강기능식품을 판매하기 위해서는 건강기능식품 영업신고증을 발급받아야 해서, 다른 카테고리에 비해 진입장벽이 높다. 또 반대로 건강기능식품을 판매하려는 셀러 입장에서는 아주 큰 기회다. 그만큼 경쟁자가 적으므로. 참고로 발급받는 절차는 다음과 같다.

• **건강기능식품 영업신고증 발급받는 법**

건강기능식품교육센터 홈페이지 → 건강기능식품(신규) 영업 신고를 위한 교육 → 교육 수강&시험 → 수료증 발급 → 건강기능식품 영업신고증 서류 발급(지자체 위생과)

열째, 최소 수량이 다른 카테고리에 비해 현저히 적다. 온라인 유통의 종착점은 본인만의 제품을 개발해 브랜드를 만드는 것이다.

만약 남성 신발 쇼핑몰을 운영하면서 자사 제품을 만든다고 가정해보자. 여기서 리스크가 발생할 수 있는데, 최소 수량 때문이다. 유통 역량이 안 되는 상황에서 최소 수량이 많으면, 잘못하다간 재고로 남는다. 재고가 쌓인다는 것은 유통 사업에 있어서 상당한 리스크다. 더욱이 신발은 사이즈별로 제조해야 해서 위험 부담이 크다. 게다가 국내에서 생산하면 단가가 비싸 중국에서 위탁을 많이 하는데, 납기일도 길고, 부피도 많이 차지한다는 단점이 있다. 한편 건강식품은 사이즈에 신경 쓸 필요도 없고, 부피도 크지 않은데다, 최소 수량도 적어 제조에 대한 부담이 적다.

나는 이러한 장점을 바탕으로 건강식품 온라인 쇼핑몰 사업에 도전했고, 여러 번 언급했듯 인생 역전을 했다. 만일 부업으로 쇼핑몰을 하겠다는 생각만 하고, 실행으로 옮기지 않았다면 있을 수 없는 일이다. 그래서 나는 "인생은 실행"이라고 말한다. 그냥 실행도 아닌 미친 실행력이라고.

적당함을 거부하는 순간 기적이 일어난다

남희정

명문 대학원 졸업생에서
자발적 백수가 되어 사업의 고정관념을 깨트린
스터디 커뮤니티 사업의 창시자

교수라는 꿈을 위해 대학원까지 졸업했지만, 남이 정해준 길이라는 걸 뒤늦게 깨닫고, 백수가 됐다. 그 후, 피팅 모델, 유아 영어 강사로 투잡을 뛰며, 유튜브와 사업에 도전한 끝에, 1년 만에 '스터디'라는 쉽고 빠른 사업구조를 만들어, 월 1,000만 원의 수익을 달성했다. 이를 바탕으로 현재는 약 2,000명의 회원이 함께하는 대형 커뮤니티를 이끌고 있다. 그녀는 말한다. 유명세와 돈이 없어도 뭐든지 할 수 있다고.

블랙홀 같은
적당함을 뚫어라

"저는 반지하에 살았어요."

"저는 2년 전까지 빚만 2억 원이었습니다."

"교통비가 없어 수십 km를 걸어 다녔어요."

자수성가한 사람들의 스토리는 보통 이렇게 시작한다. 그토록 어려운 환경에서도 희망을 잃지 않고, 지금의 모습을 만들어낸 그들을 보면 참 존경스럽다. 그런데 대부분 이런 이야기를 접하면, 현재의 모습에 괴리감을 느끼지만, 나는 오히려 그들의 과거에 괴리감을 느꼈다. '나는 이런 불우한 시절이 없었는데.', '나는 너무 편하게 자랐나?', '그들에게 있는 의지력이 나에게는 없겠지?'와 같은 생각이 들어서다.

조금 더 자세히 설명해보자면, 학생 때는 몰랐지만, 성인이 되고 나서 알게 된 사실이 있다. 누군가에게는 내가 금수저일 수도 있다는 것이다. 우리 집은 큰 부자는 아니었지만, 나는 어릴 적부터 부모님의 지원과 사랑을 아낌없이 받고 자랐다. 돈이 없어 학원을 다니지 못한 적도, 교복을 물려 입은 경험도, 온 가족이 한방에서 잔 시절도 없다. 스스로 금수저라고 생각하지는 않으나, 누군가의 기준에는 그럴 수 있다는 걸 최근에야 알게 됐다. 참 감사한 일이다.

혹시 이런 생각이 드는가? '뭐야, 애초에 출발선이 달랐네.' 내가 글의 초입부터 이런 힘 빠질만한 이야기를 늘어놓는 이유는 따로 있다. 놀랍게도, 나를 포함한 꽤 많은 사람이 '적당히' 유복하게 자랐다는 부분이 성장의 걸림돌이 되고 있음을 알려주기 위해서다.

여기서 개인적으로 금수저, 흙수저라는 표현을 좋아하지는 않지만, 글의 편의상 사용하는 것을 미리 밝히고, 질문을 하나 하겠다. "당신은 금수저인가? 흙수저인가?" 혹시 둘 다 아닌가? 그렇다. 대다수가 금도 흙도 아닌 적당한 삶을 살고 있다. 이 글을 읽는 당신 또한 아주 가난하지도, 아주 부자이지도 않을 확률이 높다.

만일 당신이 흙수저라 생각한다면, 진심으로 축하한다. 당신이 가진 돈에 대한 결핍이 당신을 무섭게 성장시켜줄 가장 강력한 무기가 될 것이기에. 혹은 당신이 금수저라면 더더욱 축하한다. 온실 같은 그 틀만 깨고 나오면, 남들과는 다른 출발선에 설 수 있으니까.

그리고 둘 다 아니라면, 안타깝지만 꽤 오랜 기간 지금의 적당함을 뚫고 밖으로 나오는 여정이 될지도 모르겠다. 과거에 내가 그랬던 것처럼. 하지만 걱정하지 마라. 내가 그 블랙홀과 같은 적당함을 뚫는 법을 알려주겠다. 이를 위해 잠시 나의 어린 시절로 거슬러 올라가 본다.

아버지의 업무 관계 차 나는 미국에서 1년간의 유학 생활을 했다. 그곳에서는 놀면서도 상위권을 유지할 수 있었다. 한국에서 중학생 때 받았던 학교 교육이 이미 미국 고등학교 진도를 뛰어넘었던 덕분이다. 미국에서의 생활은 아직도 꿈같은 기억으로 남아있다. 자유로웠고, 즐거웠고, 행복했다. 무엇보다 미국에서 나는 꿈을 찾았다. 처음으로 하고 싶은 일이 생긴 것이다. 미국에서 했던 봉사활동 덕에 나는 아동과 관련된 공부를 하겠노라 다짐하고, 입국했다. 나보다 어려운 사람을 돕는 일을 하는 멋진 사람이 되리라는 큰 포부를 안고, 대치동의 한 고등학교로 전학했다.

그 당시 나에게 영향을 줄 수 있는 모든 어른은 "무조건 대학에 가렴. 대학에 가서 어른이 되면, 그때 하고 싶은 걸 하면 돼. 좋은 대학에 가면 기회가 많아질 거야."라고 했다. 부모님, 학교 선생님, 학원 선생님 그리고 오며 가며 만나는 어른들은 마치 약속이라도 한 듯 나에게 같은 말을 했다. 또 공부를 잘하면, 어른들의 칭찬과 친구들의 인정을 받았다. 그것에 취한 나는 '말 잘 듣는 학생'이 됐고, 그 결과 원하는 대학과 전공을 찾아 진학할 수 있었다.

입시 경쟁에서 살아남았다는 게 기뻤고, 성취감과 해방감을 느꼈다. 그러나 그 행복은 딱 4개월짜리였다. 대학만 오면 모든 게 알아서 굴러갈 줄만 알았던 나는 4년 동안 무언가에 미친 듯이 몰입할 에너지도, 열정도, 무엇보다 그럴 이유가 없었다. 목표가 없었기 때문이다. 대학에 가니 학점이 부족해도, 아무도 나무라지 않았다. 어쩌다 학교 수업에 빠져도, 아무 일도 일어나지 않았다. 대학은 그런 곳이었다. 그렇게 나는 학점도, 교우 관계도, 그 외 무엇이든 적당한 정도로만 유지했다. 웬만하면 과거로 돌아가고 싶다는 생각은 하지 않는 편인데, 가장 도전하기 좋은 20대 초반 대학 4년을 그러지 못한 것이 요즘 들어 아쉽기만 하다.

지금의 모습 그대로 대학생으로 돌아간다면, 나는 우선 휴학을 하고자 한다. 그리고 배낭여행 또는 교환학생을 통해 다른 나라를 접해보기도 하고, SNS 운영으로 더 많은 사람과 소통하며 지낼 듯하다. 또 영화나 뮤지컬을 보면서 교양을 쌓고, 독서 스터디에 참가할 것이다. 그에 더해 봉사활동으로 나보다 어려운 사람들을 도와주겠다. 여기서 끝이 아니다. 나보다 한참 앞서간 성공한 이들의 강연과 세미나를 들으러 다니면서 내가 무엇을 좋아하는지, 졸업 후 정확하게 어떤 일을 하고 싶은지 정해나갈 것이다. 나는 친동생에게도 휴학을 1년 권하기도 했다. 이 글을 읽는 대학생이 있다면, 졸업하기 전 진짜 하고 싶은 것을 고민해볼 시기를 가지라고 전하고 싶다. 졸업 후의 삶을 살아가는 모든 이가 여기에 공감하리라 생각한다. 졸업하고 나면 '늦었다.'라는 생각을 나도 모르게 하게 되므로.

결국 나는 이때 갖지 못한 휴학 기간을 대학원까지 졸업하고 나서야 자발적으로 만들어, 20대 후반에 1년의 휴식기를 가졌다. 이것을 외국에서는 '갭 이어(gap year)'라고 부르며, 실제로 많은 국가에서 대학 입학 전 혹은 대학 졸업 전에 이 시스템을 적용한다. 나는 직접 나의 갭 이어를 만들었고, 그 1년 동안 나의 삶은 완전히 바뀌었다. 지금 생각해도 참 신기하다. 20년이 훨씬 넘는 삶을 살아왔는데, 고작 1년이 나의 삶을 180도로 바꿔주었다는 사실이. 나의 그 1년은 다음 장에서 자세히 설명하겠다.

대학교 졸업반이 되자, 우리 과 동기 95% 이상이 임용고시를 준비했다. 그리고 나를 제외한 모든 동기가 교사를 진로로 삼은 상태였다. 사범대에 재학 중이던 나의 입장에서 교사를 하지 않으면, 사실상 다른 선택지가 있지도 않았다. 그러나 그때 나는 우리나라 최고 대학의 대학원에 가겠다고 결심했다. 그리하여 친구들이 도서관에 가서 고시 공부를 할 때, 나는 옆에서 대학원 입학시험 공부를 했다.

동기들이 선택한 길을 따라가지 않은 이유는 단순했다. 교사는 참 좋은 직업이지만, 내가 그 일을 5년 이상 만족스럽게 할 자신이 없었다. 단순히 지금 취업을 해야 해서, 돈을 벌어야 해서, 주변 친구들이 준비한다고 해서 그대로 따라 하고 싶지는 않았다. 그렇게 나는 교수를 꿈꾸게 됐고, 운 좋게 한번에 합격하며, 두 번째 입시 경쟁에서도 살아남았다.

결론부터 이야기하면, 대학원 입학 후 졸업까지 2년 동안 나의 시간은 가장 느리게 흘렀다. 최고의 학교에서 공부하고 있었고, 내 전공에 있어서 나름 최고의 스펙과 엘리트 코스를 밟고 있었지만, 나는 공허했다. 부모님이 지원도 해주고, 모두가 부러워하고, 미국에 유학만 다녀오면 되는데, 나는 그럴 수 없었다. 돌이킬 수 없는 블랙홀에 발을 디디면, 영원히 나오지 못할 것 같았다. 사랑하는 부모님께 실망을 안겨줄 게 뻔했지만, 나는 더 이상 교수라는 꿈을 꾸고 싶지 않았다. 나는 그 삶을 원하지 않았다. 부끄럽지만 그냥 멋있어 보여서, 칭찬이 좋아서 했던 선택임을 깨달았다.

그제야 내 안의 가장 솔직한 나에게 물어보니, 대답이 들려왔다. '내가 원하는 길은 이게 아니구나.' 고민 끝에 나는 졸업 후 1년간 백수가 되기로 했다. 명문대를 졸업하고, 아무것도 안 하면, 들려올 잔소리가 뻔했기에 미리 방패도 준비했다. "이제 뭐 할 거냐?"라는 질문에는 초지일관 같은 대답을 했다. "나 1년만 쉬려고. 휴학도 안 해봤잖아. 1년 후에 미국 유학 가야지." 그 당시 25살. 나도 내가 뭘 하고 싶은지 몰랐다. 막막했지만, 하기 싫은 일을 하지 않아도 된다는 생각에 일단은 기뻤다. 처음으로 세상이 추천하지 않는 행동을 한 것 같아서 짜릿하기도 했다.

그렇게 나는 백수가 되어 방구석에 혼자 남겨졌다. 그리고 그 방구석 백수는 그 해에 다시 태어났다. 그리고 그때 깨달았다. 고작 1년이라는 시간이 한 사람의 인생을 송두리째 바꿀 수 있음을.

다시 현재로 돌아오자. 나는 얼마 전 한 사업가에게 "희정님이 운영하는 사업 구조는 거의 유일무이하지 않나요? 이전에는 없던 거잖아요."라는 말을 들었다. 여기서 다들 내가 어떤 일을 하는 사람인지 궁금해질 것이다. 쉽게 설명하면 나는 기존의 '스터디'라는 개념을 접목한 커뮤니티 사업을 하고 있다. 이는 대단한 아이템이나 엄청난 기술을 요하지 않는다. 내가 구축한 비즈니스 모델의 뼈대는 간단하다. SNS를 통한 퍼스널 브랜딩, 나의 이야기에 공감한 사람들을 모아서 특정 모임을 운영하는 일, 이게 전부다. 유형의 상품을 판매하는 게 아니므로 매출이 곧 순이익이다. 누군가와 나눠가져야 할 돈이 거의 0에 가깝다는 뜻이다. 무엇보다 단돈 1원도 필요하지 않다는 점에서 무자본 창업이 가능하다.

당신이 온라인으로 돈을 벌고 싶은데, 무얼 먼저 해야 할지 모르겠다면, 커뮤니티 사업을 추천한다. 이유는 다음과 같다.

첫째, 돈이 없어도 가능하다. 내가 사업을 시작할 때 필요했던 건 딱 4가지다. 노트북, 휴대폰, SNS 계정 그리고 와이파이. 노트북이나 휴대폰으로 콘텐츠를 만들고, SNS 계정에 업로드한다. 그게 당신이 해야 할 전부다. 이렇게 단순한 걸 많은 사람이 하지 않는다. 쉬운 길이 있지만, 사람들은 외면한다. 정말로 돈이 없어도 돈을 벌수 있다.

둘째, 전문지식이나 기술이 없어도 가능하다. 자고로 사업이라 함은 세상을 바꿀 아이템이나, 번뜩이는 아이디어가 있어야 할 것 같지만, 꼭 그런 건 아니다. 주변 사람 10명의 문제를 해결해줄 수 있다면 충분하다. 그런 점에서 스터디 모임 혹은 커뮤니티 모임은 그 목적에 가장 부합한다. 스터디 하면 무엇이 떠오르는가? 기상 스터디, 독서 스터디, 운동 스터디, 취업 스터디, 영어 스터디 등 모두 어떠한 문제를 해결하기 위해 모이는 자리다.

셋째, 온라인과 오프라인 사업 둘 다 한번에 가능하다. 잘나가는 맛집에서 밑반찬을 홈쇼핑으로 판매하거나, 온라인 사이트로만 구매할 수 있는 화장품이 올리브영에도 출시되는 등 최근에는 온·오프라인의 구분 없이 범위를 넓히는 세일즈가 대세다. 온라인에서 0원으로 스터디를 운영하다가, 반응이 오기 시작하면, 조금씩 오프라인으로 확대해볼 수 있다. 같이 커피를 마시며, 공통 관심사에 대해 대화를 하거나, 등산을 가거나, 쇼핑을 할 수 있다. 더 다양한 스터디를 열 수 있다는 뜻이다.

어떤가? 해볼 만하지 않은가? 돈도, 용기도, 시간도 없다면, 단기간에 효과적으로 수익을 낼 수 있는 괜찮은 사업이라 자부한다.

한 가지 고백하자면, 나는 어릴 적부터 조용하고 소심한 성격이었다. 사람을 많이 만나러 다니는 걸 즐기지도 않고, 혼자 있는 시간을 더 좋아한다. 지금의 사업을 하면서 가장 만족스러운 것 중 하나는, 하기 싫으면 하지 않을 자유가 있다는 점이다. 만나기 싫은 사람은 만나지 않으며, 의미 없는 회의에 참여하지도 않는다. 불편한 동료와 점심을 먹지도 않으며, 회식자리에 불려가지도 않는다.

이런 나는 짧게는 한 달, 길게는 1년마다 살아보고 싶은 지역으로 이사를 다니며 살고 있다. 한국이든 미국이든 제주도든, 기차든 비행기든 방구석이든, 내가 노트북을 여는 모든 곳이 나의 사무실이 될 수 있어서다. 친구를 만나러 가는 지하철 안에서 휴대폰으로 그날의 업무를 끝낼 때도 있다. 굳이 사무실을 만들 필요가 없다는 뜻이며, 자유로울 때 가장 창의적이고, 창의적일 때 가장 많은 돈을 버는 사람인 듯하다. 이처럼 나는 사무실에, 출·퇴근에 쓸 돈을 내가 정하는 집에 쓰면서 온전히 나의 삶을 만끽한다.

그뿐만 아니다. 나는 오전에 가장 집중이 잘되는 편이라 직원들과 온라인으로 만나 그 시간에만 집중해서 일하고, 각자 퇴근한다. 그리고 점심을 먹고 낮잠을 잔다. 일어나면 낮 3시 정도가 되는데, 그때부터는 내가 하고 싶은 모든 일을 한다. 진심으로 즐거운 일 말이다. 브이로그를 찍고, 사업가들을 만나서 친목을 다지고, 요가, 헬스, 클라이밍, 등산 등의 운동을 한다. 평일 점심에는 맛집이나 카페에 가서 여유를 즐긴다. 가끔은 한적한 카페에서 지금처럼 글을 쓴다. 읽고 싶었던 책을 읽고, 홀로 혹은 가족과 여행을 간다. 머리가 복잡해지면 호캉스를 가고, 매출의 일부를 매년 기부한다. 월 1회는 스터디원들과 만나서 오프라인 모임을 하고, 강의를 진행한다.

요즘 들어 나와 같이 사람을 모으는 커뮤니티 사업을 하고 싶어 하는 이들이 내게 배우고 싶다며, 연락을 한다. 정확히 2년 전, 내가 사업을 배우고 싶어서 나보다 앞서가는 사람들을 만나러 다니며, 배웠을 때와 같다. 그래서 누군가에게 도움을 줄 수 있을 만큼 내가 성장했다는 게 참 뿌듯하다. 이에 나는 진정성 있게 다가온 이들에게는 기꺼이 도움을 주고 있다. 왜냐하면 나도 누군가의 도움을 받았고, 무엇보다 누군가를 도울 수 있을 만큼 충분히 여유로우니까.

과거에 내가 찾아간 분들도 나와 같았을 것이다. 그래서 수입이 증가하고, 금전적으로 여유로워지면, 행복에 가까워진다는 말은 꽤 설득력이 있다. 아침에 헐레벌떡 겨우 일어나서 머리도 못 감고, 아무거나 집어서 등교나 출근한 경험이 있을 거다. 그날 일이 술술 풀리던가? 사람들과 눈을 마주치며 환하게 인사하게 되던가? 반대로 이런 경험도 있을 것이다. 알람 없이 아침에 눈이 떠지고, 여유롭게 샤워도 하고, 머리도 만지고, 화장도 하고, 오늘따라 스타일도 마음에 들고. 그런 날은 우연히 들른 카페에서도 괜히 직원에게 웃는 얼굴로 친절하게 주문하게 된다. '여유로움'은 이런 마법을 가진다. 그리고 그 여유로움은 각자가 정한 '충분한 수입'이 만들어낼 수 있다.

물론 돈이 많다고 다 행복한 건 아니다. 그렇지만 조급하지 않고, 여유로운 사람은 대체로 행복하다. 누구는 100만 원만 벌어도 풍족하게 살고, 누구는 몇억씩 벌어도 가족의 불화가 끊이지 않는 불행을 경험할 것이다. 따라서 여유로움은 각자의 기준에서 충분한 돈

——— 스위칭

을 벌 때 온다. 중요한 건 그 기준은 상상하는 만큼의 수입에 도달해본 자만이 세울 수 있다. 이솝우화 〈여우와 신 포도〉의 이야기처럼 내가 갖지 못한다고 해서 '돈이 많으면 불행할 거야.'라고 판단하지 않기를 바란다. 포도가 신맛인지 단맛인지는 직접 따서 먹어본 사람만이 알 수 있다.

사람 만나는 게 불편하면, 만나지 마라. 윗사람 비위 맞추는 걸 힘들어한다면, 하지 않아도 된다. 집에서만 일하고 싶으면, 그렇게 해라. 몸 쓰는 일이 싫다면, 그것도 하지 않아도 된다. 앞으로 더 긴 인생을 살아갈 당신에게 딱 1년의 시간을 주어 보면 어떨까?

돈 버는 방법을 알려달라는 지인들에게 내가 습관처럼 하는 말이 있다. "좋아하는 일을 하면서도 돈을 벌 수 있어. 그것도 충분히." 사실이다. 당신이 지금 마음속에 생각하고 있는 바로 '그것'으로 돈을 벌 수 있다. 예술을 하면 배가 고프고, 돈 많이 버는 전공은 따로 있다는 말은 나는 이제 더 이상 믿지 않는다. 그것은 적당히 살아가는 사람들의 신념이다. 이 글을 읽는 당신은 더 이상 적당히 살아갈 사람이 아니다.

침대에 누워서도
돈 버는 세상과 마주하다

이야기를 마저 해보자. 명문대 석사를 졸업한 나는, 졸지에 백수가 됐다. 내가 자발적으로 일시적 백수가 된 것은 변화된 삶을 위함이었다. 앞서 말한 대로 나는 사업이 아니면 돈을 벌 길이 없는 사람은 아니었다. 준비만 잘하면, 좋은 회사에 입사하거나, 미국으로 유학을 갈 수도 있었다. 친구들처럼 안정된 교사 생활을 할 수도 있었다. 하지만 나는 변화된 삶을 살고 싶었다. 그런데도 적당히 살만하니까 바깥의 삶에 대한 갈망만 하고, 우물 밖을 나오려고 하지 않았던 것 같다. 이 우물도 나름 따뜻하니까. 아니, 나가면 추울지 더울지 알 수 없지 않은가? 나는 20년 넘게 같은 곳에서 살았는데, 저밖이 얼마나 위험할 줄 알고?

처음부터 사업을 해서 성공한 건 아니었다. 사업의 'ㅅ' 자도 모르던 초기에 나는 프리랜서로 활동했다. 그때까지는 일을 하지 않고, 돈을 번다는 것을 상상조차 할 수 없었던 나는 제일 먼저 '내 1시간의 가치를 올려보자.'라는 생각을 했다. 이전에 어린이집 영어 교사를 하면서 받던 월급은 월 90만 원 정도였다. 얼핏 보면 적어 보이지만, 주 2회 4시간 정도만 일을 했으니, 나의 시급은 약 3만 원. 나쁘지 않았다. 그 시급을 2배만 올려도 똑같이 일하고, 2배의 돈을 버는 것이다. 그때부터 '어떻게 하면 시급을 10만 원으로 만들 수 있을까?'라는 궁리가 시작됐다.

그 당시 내가 읽은 책 『타이탄의 도구들』에서는 한 가지 분야에서 최고가 될 생각을 하지 말고, 2가지 이상의 분야를 적절하게 합쳐보라고 했다. 그러면 충분한 수익을 낼 수 있다고. 이에 나는 백지를 꺼내 내가 생각한 나의 장점들을 쭉 적어보았다. 많으면 많을수록 좋다고 생각하고, 최대한 적어나갔다. 아래는 그 당시 적은 내용이다.

명문대 졸업, 영어 꽤 잘함, 아동학 전공, 교사자격증 있음, 키가 큼, 사진 잘 찍는다는 소리 좀 들었음, 자취방 예쁘게 꾸며놓고 사는 중, 자기 계발 열심히 함, 미라클 모닝, 인스타그램 팔로워 4,000명 ……

나는 이것들을 적절히 섞어보기로 했다. 처음에는 나의 강점인 '영어'와 '아동학 전공'이라는 점을 합쳐서 유아 영어 강사로 일을 시작했다. '교사자격증'이 있다는 점이 또 더해지니 '아이들에게' '영어를' '가르치는' 일을 하게 됐다. 더 나아가 유튜브에서 부수입이나 프리랜서 수익을 얻는 여러 방법을 보고 모두 따라 했다. '크몽'이라는 플랫폼에 나의 프로필을 만들어서 올리기도 했다. 프로필 사진 찍는 돈도 아까워서, 헤어 모델을 했던 예전 사진을 첨부해서 PPT로 온라인 명함을 만들었다. 이런 나름의 노력을 한 덕분인지, 시간이 지나면서 스타트업이나 굵직한 영어 교육 플랫폼에서 연락이 오기 시작했다. 여전히 회사에 일시적으로 고용되어 급여를 지급받는 형식이었지만, 돈의 액수가 커져 시급으로 따졌을 때, 10만 원을 훌쩍 넘기 시작했다. 동시에 이 과정을 유튜브에 브이로그 형식으로 꾸준히 올렸다. 나중에는 이 영상을 보고, 또 다른 회사에서 협업 제안이 꾸준히 왔다.

두 번째로는 쇼핑몰 피팅 모델을 했다. '큰 키'와 '사진 잘 찍음'이라는 두 가지 요소를 연결하니, 지원해보자는 용기가 생겼다. 거기에 간간히 내 사진을 올려두었던 SNS 계정이 있었기에 면접 때 조금 부족했음에도, 나의 인스타그램 피드를 보고 연락이 오기도 했다. 이때 나는 SNS의 힘을 체감했다. '팔로우가 많지 않아도 도움이 되는구나.'라고. 특히 나처럼 대놓고 자신을 표현하는 것에 익숙하지 않고, 능력을 마음껏 뽐내지 못하는 성향의 사람들은 SNS에 나를 표현해두는 것이 매우 큰 자산이 된다. 이렇게 SNS에 콘텐츠를 올려 팔로워가 모이면서, 프리랜서로서 나의 가치는 더욱 올라갔다.

어느 순간 나는 N잡러로 일하며 돈을 벌기 시작했고, 출·퇴근을 하는 직장인은 아니었기에 개인 시간이 매우 많았다. 그 시간에 나는 유튜브 편집 툴을 공부해서 영상을 업로드 했다. 그때 나의 일상이었던 '미라클 모닝'과 'N잡'을 주제로 브이로그 영상을 꾸준히 올렸다. 처음에는 반응이 없었지만, 일정한 주제로 꾸준히 올리다 보니 서서히 사람이 모이기 시작했다.

이렇게 온라인상에 내가 직접 올린 콘텐츠들이 서로 유기적으로 영향을 주고받으면서, 나는 자동적으로 '퍼스널 브랜딩'이 되기 시작했다. 조금씩 일하는 시간에 대한 보상이 커지고, 나도 역으로 제안을 할 수 있었다. 내 가치를 내가 정하니 매일 일하지 않아도, 회사에 가지 않아도, 돈이 벌렸다. 무엇보다 일하는 것이 즐거웠다. 이전에 어린이집에서 강사 일을 할 때는 1시간 일하면, 그 시간에 대한 보상을 돈으로 받고 끝나는 느낌이었다. 하지만 이때 했던 모든 일을 사진으로, 영상으로, 글로 온라인에 공유하니, 내가 일하는 모든 시간이 자산이 되어 나에게로 다시 돌아오는 기분이었다.

그러나 프리랜서로 즐겁게 일하며, 돈을 벌게 됐지만, 문제가 있었다. 아무리 몸값이 올랐다 하더라도, 시간당 100만 원까지 받는 것에는 한계가 있음을 느낀 것이다. 나의 1시간 가치가 올라가면, 나를 채용하는 회사는 나의 일하는 시간을 줄여서라도 그들의 예산 안에서만 급여를 지급했다. 이렇게 '내가 벌 수 있는 건 한계가 있구나.'를 깨달았다. 나의 가치는 점점 올라가지만, 어찌 됐든 내가

1시간이라도 일을 해야 돈을 벌 수 있는 상황이었다. 그때 알게 된 개념이 '자동화'다. 나는 다시 책을 읽고, 사업 관련 유튜브 영상을 매일 시청했다. 이때 나는 친구는 물론 가족도 자주 만나지 않았다. 부모님이 "도대체 그 방 안에서 뭘 하고 있는 거니?"라고 할 정도로 쥐 죽은 듯 공부하고, 배우고, 실천하면서, 나의 부족함을 채워 나갔다.

사업가 유튜브 채널을 보면서 정리했고, 그들의 책이나 강의를 보며 공부했다. 공부만 한 게 아니다. 공부를 하는 동시에 실행했다. 공부에는 끝이 없다는 것을 이전의 삶에서 얻은 경험으로 익히 알고 있었다. 그래서 나는 그날 하나의 개념을 배우면, 그것을 바로 적용했다. 그중 하나가 유아 영어 온라인 수업 사이트를 만든 것이다. 시원스쿨의 대표가 처음에는 혼자 사이트를 만들고, 강의를 제공했다는 영상을 보고, 코딩을 공부해 하나부터 끝까지 혼자 만들었다. 어떤 강의에서는 잠재고객에게 메일을 보내라기에 아이를 키우는 지인들에게 부탁해서 내 영어 수업을 들어보라고 메일을 보냈다. 심지어 집 근처 커피숍에서 아이랑 놀고 있는 아버지에게 나의 수업을 홍보하기 위해 말을 걸어보기도 했다.

그렇게 나보다 앞서간 사람들이 시키는 건 뭐든 다 했다. 신기하게도 그들이 했던 방식을 그대로 따라 하니 조금씩 길이 보였다. 예를 들자면, 내가 직접 만든 사이트를 통해 줌으로 첫 온라인 영어 수업을 진행했는데, 수업을 들어보고 결정하겠다는 학부모가 수업이 끝나고 "아이가 너무 좋아하네요. 한 달 결제할게요."라고 했고, '띵동' 소리와 함께 한 달 수업료가 입금된 것이다. 처음으로 문밖을 나가지 않고, 내 집 내 책상에서 노트북 하나로 수입이 생긴 순간이었다.

이 외에도 나는 노트북으로 할 수 있는 여러 사업에 도전했다. 유튜브에 꾸준히 영상을 올리고, 쇼핑몰을 개설하기도 했다. 물론 피팅 모델과 영어 강사도 병행했다. 좋아하는 일을 하면서 돈을 버는 행복한 시간이었다. 그러다가 우연히 한 유튜브 채널에서 "미라클 모닝으로 한 달에 100명만 모아도 1만 원이면 100만 원이네요."라는 말을 들었다. 여러 예시 중 하나일 뿐이었지만, 마치 나에게 하는 말 같았다.

그 당시 나는 새벽 기상하는 일상을 브이로그로 주 1회씩 꾸준히 유튜브에 올리고 있었다. 구독자는 1,000여 명. 아주 많은 건 아니었지만, 미라클 모닝이라는 관심사로 모인 사람들임에는 분명했다. 저절로 '나도 모집을 해볼까?'라는 마음이 생겼다. 자신은 없었지만, 아무것도 하지 않으면 이게 되는지, 안 되는지도 알 수 없는 것이었다. 사이트도, 결제 시스템도 없었지만, 구글 신청서를 만들어서 유튜브로 모집했다. 모든 게 돈 한 푼 안 들어간 준비였다. 그리고 모집 마지막 날 나는 놀라움을 감출 수 없었다. 신청자는 35명. 첫 달 참가비가 2만 원이었으니, 수익은 70만 원이었다. 아직 서비스를 시작하지도 않았는데, 나의 유튜브 콘텐츠를 봐오던 사람들이 나를 믿고 모인 것이었다.

나는 아직도 나처럼 직접 사람들을 자주 대면하는 것에 불편함을 느끼는 이들에게는 온라인 사업을 적극 추천한다. 나가서 나를 브리핑할 필요도 없고, 사람들 앞에서 발표할 필요도 없으니까. 이쯤에서 다시 한번 꼭 언급하고 싶다. "방구석에서 핸드폰과 노트북 하나로도 월 1,000만 원 이상 벌 수 있다."고.

35명과 함께 스터디를 운영했던 그 한 달은 내 인생에서 가장 적극적인 날이었다. '이거다.' 싶었던 나는 스터디라는 친숙한 아이템을 사업화하기 위해 갖은 노력을 했다. 운영을 도와줄 직원을 찾고, 사이트를 만들고, 미라클 모닝 영상을 더 열심히 올렸다. 사업 공부도 더 열심히 했다. 그렇게 한 달이 지났고, 다음 기수는 정식으로 사이트에서 모집했다. 결과는 대박이었다. 100명 가까이 사전 신청을 해서 최종으로 70명이 등록했다. 그 한 달 동안 나는 내 방에서 밥도 겨우 입에 넣으면서 나만의 온라인 세상을 만들었다. 그렇게 나의 온라인 비즈니스 '희스토리(heestory)'가 정식으로 출발했다. 사업가로서의 삶이 시작된 것이다.

졸업한 지 4달가량 지난 시점이었다. 나는 세상을 다 가진 기분이었다. 기존에 하던 프리랜서 수입과 스터디 사업 수입까지 합치니, 직장 다니는 또래보다 2배 이상 벌고 있었다. 자신감이 생겼고, 친구도 안 만나고 그렇게 좋아하던 쇼핑도 참고, 이전에 보장됐던 '적당한' 그리고 '따뜻한' 길을 걷지 않은 것에 대한 보상이었다.

당신이 핑계를 늘어놓을 때
누군가는 기적을 만든다

'유일무이한' 스터디 사업을 만들고 나니, 브랜딩이 됨은 물론 나를 찾는 곳이 많아졌다. 게다가 자동으로 파이프라인도 늘어났다. 이렇듯 내가 정한 키워드에 관심 있는 일정 수의 사람만 모이면 무얼 하든 수익이 생긴다. 이는 내가 하나의 키워드로 만들어온 이미지에 신뢰감이 쌓여서 자연스레 생기는 현상이다.

특히 하나의 주제로도 영역을 무한히 확대해 사업을 펼칠 수 있는데, 가령 이런 방식이다. 미라클 모닝을 예로 들자면, '자기 계발', '자기 관리', '습관', '취미', '갓생', '계획법' 등처럼 조금만 범위를 확장하면, 당신이 생각하는 모든 사업에 뛰어들 수 있다. 그리고 계획하는 모든 상품을 판매하고, 수익을 낼 수 있다.

그러므로 구체적인 키워드 한 가지만 정해보자. 개인적으로 나는 돈을 버는 능력은 학력이나 똑똑함과는 무관하다고 생각한다. 내 경우만 봐도, 학교에서 시키는 공부는 잘하는 학생이었지만, 돈을 버는 지혜는 전혀 없었다. 부모님이 사업을 하지도 않았고, 사업으로 성공한 지인이나 친척이 있는 것도 아니었다. 온전히 혼자 책을 보고, 강의를 듣고, 유튜브 영상을 구독하면서 스스로 배운 것이다. 이런 뻔한 말을 하고 싶지는 않지만, 정말 누구나 할 수 있다. 처음에 언급했던 적당함이라는 벽만 부수고 나오면 된다. 그게 오히려 더 어렵다. 돈 버는 방법을 익히는 것보다.

나는 스터디 사업을 점차 커뮤니티 사업으로 확장했다. 내가 직접 운영하지 않아도, 스터디원들이 서로 유기적인 관계를 맺으면서 시너지를 내는 구조를 만들었고, 자동화 시켜나갔다. 지금은 내가 직접 운영하는 프리미엄 모임을 제외하고는 대부분 전문 관리자와 외부 강사들이 도맡아서 운영해주고 있다. 말 그대로 하나의 '자기계발 커뮤니티'가 된 것이다. 그럼에도 내가 그간 쌓아온 노하우와 아이디어는 여전히 내 것이기에 나는 이것을 토대로 더 다양한 커뮤니티를 운영하고, 노하우를 전하는 강의를 하고, 개인 SNS 계정을 키워나가고 있다.

나는 사람들에게 "딱 1년만 해보라."라고 하지만, 반년도 가능하다. 희스토리의 완벽한 수익 구조가 만들어진 것은 1년이지만, 본격적인 변화가 시작된 건 고작 5개월이었다. 그때 노를 저을 수 있도록 준비하는 것이 훨씬 중요하다. 헷갈리는 분들을 위해 내가 스터디 사업을 키워온 과정을 3단계로 정리해 공개해보겠다.

'희스토리'를 키워온 과정

• 변화의 시작

2020년, 유튜브에 미라클 모닝을 실천하는 브이로그를 꾸준히 올렸다. 구독자가 약 1,000명쯤 모였을 때 '미라클 모닝 스터디'를 오픈했고, 35명의 고객이 모였다. 가능성이 있다고 생각한 나는 본격적인 사업화를 시작했다.

• 자동화의 시작

2021년, '기상'이라는 키워드로 출발해 '운동', '독서' 등으로 점점 스터디를 확대했다. 그 결과, 매달 100명 이상 참여하는 온라인 커뮤니티로 성장했고, 규모가 아닌 깊이를 키울 방법을 모색했다.

• 경제적 자유의 시작

2022년, 본격적인 오프라인화를 시작했는데, 현재는 오프라인 스터디는 신청서를 통해 합격자만 함께 참여할 수 있는 프리미엄 스터디가 됐다. 앞으로는 외부 전문가를 영입해 영어, 블로그, 면접, 세일즈 등의 다양한 스터디를 운영하고자 한다. 이미 자기 계발, 성장이라는 키워드에 관심 있는 사람들이 모여 있는 커뮤니티이므로 전문가에게는 스터디원 모집 지원이, 스터디원에게는 본인이 필요한 스터디를 골라 참여할 수 있는 기회가 주어지는 셈이다. 완벽한 윈윈 구조다.

요즘에는 "하면 된다."가 아니라 "되면 한다."라는 말이 유행한다고 한다. 이렇게 가능하다는 것을 내가 나의 경험으로 정리해서 보여주지 않았는가? 정말로 된다. 그러니 해봐라. 지금 당장.

동생은 종종 아르바이트 또는 학교 공부를 하다가 지치면 "아, 언니 인생 진짜 부럽다."고 한다. 다른 사람들이 보기에는 내가 열심히 사는 듯하지만, 하루의 많은 시간을 놀고 있는 것을 옆에서 지켜보고 있어서일 것이다. '논다'의 정의는 사람마다 다르겠지만, 나의 하루는 운동을 하고, 요리를 배우고, 사람들을 만나고, 여행을 가고, 읽고 싶은 책을 읽고, 브이로그를 찍는 것으로 채워진다. 그리고 어릴 적부터 꿈이었던, 이곳저곳을 돌아다니며 이사를 다닌다. 짧게는 한 달, 길게는 1년마다 지역을 바꿔가며 거처를 옮긴다. 일반인들이 '시간이 없어서' 못 한다는 걸 나는 한다. 그렇다. 진짜 값진 것은 돈이 아닌 시간이다.

충분한 수익을 얻기 위해서는 꼭 한 분야의 상위 1%가 될 필요가 전혀 없다. 원래 나의 꿈이었던 교수나, 대기업 연봉으로 그 정도 수익을 얻으려면 어떻게 해야 할까? 살을 깎는 노력? 인맥이나 배경? 혹은 남다른 재능? 모두 맞는 말이겠지만, 그것보다도 가장 필요한 것은 시간이다. 억대 연봉을 받기 위해서는, 혹은 존경받는 교수가 되기 위해서는 충분한 시간이 지나야 한다. 단기간에 얻기는 어려운 일이다. 그런데 '돈을 버는 일'은 절대 그렇지 않다. 스스로가 얼마나 몰입했느냐, 얼마나 간절한가, 얼마나 본인의 레벨을 키워나갔

——— 스위칭

느냐에 따라서 단기간에도 가능하다. 그러므로 이 책을 읽고 있는 당신이 해야 할 일은 하나다. 본인이 가장 자신 있는 혹은 좋아하는 키워드 하나를 정하면 된다. 그 키워드로 콘텐츠를 만들고 사람을 모으면 된다. 그게 전부다.

"그렇게 쉬우면 벌써 했게요?"라고 할 수도 있다. 그럼 이걸 해봐라. '5초 안에 당신을 표현할 1가지 키워드' 말하기. 바로 생각나지 않았다면, 아직 없는 것이다. 너무 추상적이고, 누구나 사용하는 대형 키워드가 아닌, 구체적이면서도 차별화된 키워드를 찾아라. 확장은 나중에 하면 된다. 예를 들어보자. '패션' 인플루언서가 되고 싶다면, 처음부터 키워드를 패션으로 정하지 말고, '대학생 룩' 혹은 '키작녀 패션'으로 먼저 시작해라. 나는 미라클 모닝이라는 나의 관심사로 시작했고, 점점 자기 계발로 확대해서, 자기 계발 커뮤니티 사업을 운영하고 있다. 명사가 아닌 형용사여도 좋다. '일찍 일어나는', '국제 연애를 하는', '동대문에서 옷 장사를 하는'. 혹은 형용사와 명사를 합쳐봐라. '부업 하는 직장인', '요리하는 전 승무원'.

중요한 건 돈을 버는 방법이 아니다. 자신의 키워드를 정하고, 스토리를 만들어 나가는 것이다. 그리고 그것을 혼자가 아니라 온라인상의 모든 사람이 보고, 공감할 수 있도록 세상에 내놓는 것이다. 하루아침에 유명해질 수도, 큰돈을 벌 수도 없다. 그러니 꾸준히 멈추지 말고 콘텐츠를 업로드해라. 당신이 핑계를 늘어놓을 때 누군가는 기적을 만들고 있을 테니.

지금 실패하기로
선택해라

당신이 성공할 만한 준비가 되어있는지 알아볼 수 있는 질문을 해보겠다. 하늘에서 신이 내려와 당신에게 묻는다. "자네를 10년 후, 반드시 성공하게 해주겠네. 큰돈을 벌고 원하는 삶을 살게끔 말이야. 다만 조건이 있다네. 반드시 한 번의 실패는 해야만 해. 선택권을 주겠네. '지금 당장' 그리고 '5년 후' 중 언제 실패를 하겠는가?"

당신의 대답은 무엇인가? 지금 당장인가, 5년 후인가. 내가 기대한 대답은 지금 당장이다. 이유는, 지금 실패하는 편이 잃는 것이 훨씬 적기 때문이다. 더 쉬운 이해를 위해 게임 캐릭터로 예를 들어보자. 당신이 게임을 시작하는데 캐릭터 레벨이 0부터 최대 10까지 있다고 하자. 지금은 레벨 0이지만, 매일 연습하고, 여러 시도를 하면서 아이템을 장착하는 등 시간이 지나서 레벨 7까지 올라갔다. 레벨 0일 때와 레벨 7일 때. 언제 죽는 편이 나을까? 당연히 레벨 0일 때다.

인간은 살면서 반드시 크고 작은 실패를 맞닥뜨린다. 관건은 그걸 얼마나 잘 극복해나가느냐다. 이러한 관점에서 잃을 것이 상대적으로 적을 시기인 바로 지금 실패를 해보기를 바란다. 그때 얻은 경험과 노하우 그리고 그걸 극복하는 힘을 차곡차곡 쌓아서, 마침내 레벨 10이 되었을 때는 그 성공을 맘껏 누려라. 실패는 빨리할수록 좋다. 그리고 아무것도 하지 않는 사람에게는 실패도 없다. 아무것도 하지 않는 것 자체가 실패이기 때문이다. 실패는 생각보다 매우 귀해서, 핑계만 대고 행동하지 않는 자에게 그런 선물은 주어지지 않는다.

이 글을 읽는 당신이 가질만한 핑계가 있다. "나는 나이가 있어서 늦은 것 같아." 그럼, 이 이야기를 들어보자.

30대가 된 한 여인이 커피숍에 앉아서 깔깔대며 지나가는 20대 여성들을 보며, 혼잣말을 한다. "젊고 열정적이던 저 때가 참 좋았어." 커피숍에서 아이와 함께 커피를 마시는 30대 여인을 쳐다보면서 50대 여성이 친구에게 말한다. "아이들이 어릴 때가 참 좋았어. 그렇지?" 친구와 담소를 나누는 50대 여성을 보며, 지팡이를 짚으며 걷던 70대 노인이 말한다. "두 다리가 건강할 때가 참 좋았지."

병실에 누워서 그것을 창밖으로 바라보던 90대 노인이 죽음을 맞이하기 전 중얼거린다. "돌이켜보니 모든 순간이 참 좋았네."

지금도 늦지 않았다는 뻔한 말을 하고 싶은 게 아니다. 나도 누군가를 보고, 그들을 따라 하며 돈을 벌기 시작했고, 그 누군가도 또 다른 선배들을 보고, 배우며, 일궈왔을 것이다. 현실적으로 봤을 때, 당신이 빠른 건 아니다. 그렇다고 늦은 것도 아니다. 누군가가 당신에게 "아직 안 늦었어. 해봐."라고 한 명이라도 이야기해준다면, 늦지 않았다. 그런데 당신에게 "한번 해봐. 안 늦었어."라고 아무도 말해주지 않을 때가 있다. 아쉽지만 그때는 늦었다. 그때가 되면 이런 책도 읽지 않을 가능성이 크므로, 당신에게 용기나 희망을 줄 사람이 0이다. 그렇게 되기까지 기다리지 말고, 지금 이렇게 용기를 주는 사람이 한 명이라도 있을 때 시작하기를 바란다.

예전에 한 칼럼에서 후회라는 감정이 사람이었으면 가졌을 모습을 본 적이 있다. 녀석은 모든 머리가 앞으로 뻗어 있었다. 손도 발도 모두 앞을 향해 있었고, 옷도 등에 달싹 붙어있어서 뒤에서 머리카락, 팔꿈치, 옷 끄트머리도 잡을 수 없는 형체였다. 그렇다. 후회는 한번 지나가면, 다시는 자신을 잡을 수 없게 생겼다.

대학원 생활을 할 때 동기가 나를 위해 가수 싸이의 콘서트를 예매해주었다. 집에서 노는 걸 좋아하는 나와는 달리, 그 친구는 활동적인 것을 즐겼다. 친구 덕에 수많은 사람과 부대끼고, 뛰어놀며, 노

───── 스위칭

래를 불렀다. 평소 해보지 못한 경험을 한 것이다. 콘서트 중간쯤 가수 싸이가 잠시 노래를 멈추고 관중을 향해 소리쳤다. "여기 혹시 60대 있나요? 오! 저기 계시네요. 카메라 비춰주세요. 60대 소리 질러! 50대도 있죠? 50대도 소리 질러! 40대도 많이 오시죠. 소리 질러! 우리 30대의 열정 보여줍시다. 소리 질러! 우리 아기들, 10대도 온 거 알아요. 소리 질러!" 20대 차례가 됐다. "이제 하이라이트죠? 20대 준비하세요. 목소리 제일 커야 해요. 알죠? 자, 그럼 준비하시고 20대 소리 질러!"

그 당시 나는 25살이었다. 다 같이 소리를 지르는데 갑자기 눈물이 났다. 다름 아니라 나는 무언가를 새로 시작하기에 너무 늦었다고 생각하고 있었던 것이다. '이미 대학원까지 와버렸는데, 이걸 그만두고 새로운 걸 하는 게 맞나?', '아깝지 않은가?' 등 여러 고민이 들 때였다. 그런데 이 수많은 20대 중 내가 고작 25살이라니. 심지어 방금 30대부터 60대의 함성도 듣지 않았는가. 나는 아기였다. 아무리 생각해도 너무 어렸다. 무언가를 새로 시작하기에 충분했다.

내 이야기에 '에이, 25살은 어린 거지. 나라도 25이면 새로 시작하지.' 이런 생각이 드는가? 나도 돌이켜보면 25살이 너무 어리다. 그렇지만 그 당시에 나는 내 삶에서는 가장 많은 나이의 삶을 살고 있었다. 정말이지 어린지 몰랐다. 누구는 마흔이 되어도 계속 새로운 도전을 하지만, 누구는 20대여도 겨우 지금껏 쌓아온 커리어를 돌아보며 아까워한다. 부디 돌아온 길을 보지 말고, 앞으로 걸어갈 길을 보아라. 정말 아까운가? 정말 딱 1년도 투자를 못하겠는가?

어떤 분야에서 커리어를 쌓았든, 어차피 새로운 분야에 뛰어드는 순간 당신은 다시 0살이다. 새로 태어나는 것이다. 몇 살이든 새로운 걸 시작하는 나이는 0살이다. 이쯤까지 읽은 독자들에게 꼭 물어보고 싶다.

"당신은 새로 태어날 준비가 되었는가?"

마지막에
웃는 자가 되자

초반에 이야기한대로 나는 아직도 '살만하니까', '적당히' 이 두 단어가 가장 무섭다. 조금만 따뜻해지고, 안락하면, 인간은 안주하니까. 적당히 학교를 졸업하고, 적당히 취직해서, 적당한 회사에 취직해서, 적당한 월급을 받고 있다면, 이 말을 꼭 명심했으면 좋겠다. 지금 당신이 누리고 있는 그것들이, 하고 싶은 일로 충분한 돈을 벌 수 있다는 걸 알면서도, 계속 쥐고 있어야 할 정도로 다시는 가질 수 없는 것인지.

매달 같은 날에 들어오는 급여, 금요일마다 친구들과 만나 맥주 한잔하는 날들, 주말이면 좋아하는 영화를 보면서 데이트를 하거나, 취미생활을 즐기는 것, 혹은 침대에 누워서 재밌는 영상을 보며 휴식하는 것. 정말 다시는 갖지 못할 정도로 지금이 아니면 안 되는 것들인가? 하고 싶은 일이나 마음속의 꿈을 외면하면서까지 꼭 무조건 지켜야만 하는 것들인가? 장담컨대, 언제든지 할 수 있는 일이다. 딱 1년만 그 '적당함'의 블랙홀에서 빠져나와, 당신의 강점을 키우고, 스토리를 만들고, 콘텐츠화 하고, 꾸준히 SNS를 운영한다면, 1년 후 당신의 삶은 바뀔 것이다.

오늘 당신이 꼭 했으면 하는 2가지 미션이 있다. 첫 번째는 하얀 종이를 펴고 반을 접어, 왼쪽에는 '내가 지금 누리고 있는 것 중 잃을 수도 있는 것'을, 오른쪽에는 '도전한 후에 내가 새로 얻게 될 것'을 적어 보자. 무엇이 더 당신을 설레게 하는지, 열정에 불을 지피는지, 가슴 뛰게 하는지 눈으로 비교해봐라. 두 번째는 지금 당장 휴대폰을 들고, SNS 계정을 만들어라. 이미 계정이 있다면, 프로필 사진을 바꾸고, 소개글을 새로 쓰고, 기존 사진을 모두 지워라. 그리고 자신만의 키워드를 정하고, 스토리를 만들어보자. 하루 중 딱 1시간만 투자해서 꾸준히 콘텐츠를 업로드해라. 그렇게 1,000명의 팬을 만들고, 상품을 판매해봐라. 이렇게 쉬운 비즈니스가 어디 있단 말인가?

끝으로 '최후의 승자는 선한 사람'이라는 내가 좋아하는 책의 한 구절을 소개하며, 글을 매듭지으려고 한다. 가끔 내게 이런 말을 하는 사람들이 있다. "현실에서는 못된 애들이 더 잘나가더라. 똑똑하게 자기 것 잘 챙기니까." 그런데 그는 '못된 덕분에' 잘나가는 게 아니다. '똑똑하게 자기 것을 챙겼으니' 잘나가는 것이다. 만약 그의 '못

됨'이 고쳐지지 않는다면, 그건 결국 '똑똑하게 자기 것을 챙긴 것'이 아닐 것이다. 자신의 평판을 지키지 못했으니, 오히려 똑똑함과는 거리가 먼 사람이다. 본인의 이미지를 스스로 망치고 있으니 말이다.

악착같이 자기만 알고, 겸손과 거리가 먼 사람은 장기적으로 잘될 수 없다. 그러니 부러워하지도, 질투하지도, 당신과 비교하지도 마라. 아무것도 가진 게 없는 지금부터 자신의 평판을 챙기고, 더 어려운 사람들을 생각하며, 자신을 불타나게 키워나가기를 바란다.

나는 죽을 때까지 바뀌지 않을 나만의 신념이 있다. "착하지 않으면 결국은 패배한다."가 그것이다. 혹시 주변에 허풍이나 자랑이 극도로 심하고, 자기보다 못한 사람을 무시하는 사람이 있다면, 신경 쓰지 마라. 쉽지는 않겠지만, 그래도 그렇게 해라. 절대로 오래 유지하지 못한다. 그리고 더더욱 당신은 당신의 선함을 지켜나가라. 이것을 사업과 연결하면, 고객을 대하는 태도가 된다. 당신의 고객이나 팔로워들을 '당신을 위해 존재하는 사람'으로 여기지 않기를 바란다. 그리고 고객을 돈으로 보지 마라. 당신이 좋아하는 것으로 세상에 전하고 싶은 가치를 먼저 생각해본다면, 그들은 당신의 돈줄이 아닌 당신과 서로 도움을 주고받는 관계임을 금방 알 수 있다.

프로듀서 박진영이 JYP 연습생들에게 해준 강의에서 이런 말을 한다. "너희들 옷 들어주는 분들, 머리해주는 언니들, 청소해주는 아주머님한테 잘해야 해. 그리고 진심으로 고마워해야 해. 겉으로 고마워하는 척도 안 돼. 진심으로 고마워해야 해. 그분들이 없으면 너희도 없어."

착한 '척'도 의미 없다. 다 티가 난다. 왜냐하면 그런 태도는 잘 보여야 하는 사람에게만 나오는 행위일 뿐, 넓디넓은 온라인으로 돈을 버는 사람에게는 어느 때고 민낯이 드러나기 마련이니까. 가끔 나에게도 그런 사람들이 보인다. 사업 구조를 배우고 싶은 나에게만 잘해주고, 내 주변 사람에게는 그렇지 않은 사람. 그러면 나도 모르게 그런 사람에게는 진짜 마음을 내어주지 못한다. 조언을 해도 조심스럽다. 무엇보다 정이 가지 않아서 좋은 제안도 하지 않게 된다. 아직 사업 3년 차인 내게도 보일 정도인데, 다른 이들에게는 더 잘 보이고도 남는다.

당부한다. '진정성'으로 승부하기를. 그 진정성이 '용기'를 만들어낸다. 그리고 스토리와 콘텐츠, 한 가지 키워드를 열심히 갈고 닦아서 세상에 선보여라. 1년이면 된다. 1년 후, 같이 강의를 하고, 출간을 하고, 사업 이야기를 나누는 사이가 되면 좋겠다. 나도 이 글을 적은 내가 부끄럽지 않도록 나의 자리를 지키며, 기다리고 있겠다. 마음에 새기고 잊지 않았으면 한다. 당신의 인생에서 딱 1년, 그 1년이 삶을 송두리째 바꾼다는 믿음을. 지금 당신의 나이에서 1을 더해보아라. 그 나이가 당신의 삶이 바뀌는 때이다. 자, 나와 함께 외쳐보자.

"Make your life miracle!"

부자가 되려면 시스템을 가져라

현홍수

보육원 출신의 사회복지사에서
월 1,000만 원 이상의 수익을 창출하는
자동화 시스템의 고수

사회복지사가 되고자 주경야독으로 약 5년간 준비해 꿈을 이루었지만, 이상과 현실에 대한 회의감과 가난의 고리를 끊어내기 위해 무자본 부업을 선택했다. 그렇게 시작한 것이 이제는 아무것도 하지 않아도 월 1,000만 원 이상을 거뜬히 벌어들이는 자동화 수익 시스템이 됐다. 이와 관련한 노하우를 유튜브와 클래스로 공유하고, 커뮤니티를 통해 누구나 부자가 될 수 있다는 마음으로 '같이의 가치'를 실현 중이다.

절망 속에서도
희망의 꽃은 핀다

나는 보육원 출신의 사회복지사였다. 자동화 수익으로 월 1,000만 원 이상의 소득을 올리는 지금과는 전혀 상반되는 타이틀이다. 물론 내가 사업을 하면서 만난 사람들에게는 사회복지사보다는 사업가의 이미지가 더욱 크게 다가올 것이다. 그런데 내가 사회복지사였다고 하면 다들 "어딘가 모르게 어울린다,"는 반응을 보인다. 이러한 말을 들을 정도로 나 또한 사회복지사가 내게 잘 맞는 옷이라고 생각했던 때가 있다. 약 5년을 공을 들일 정도로 꼭 이루고 싶은 장래 희망이었으니까.

내가 사회복지사니, 장래 희망이니, 생뚱맞은 소리를 하고 있으니 당황스러울 수도 있겠다. 하지만 이는 내가 인생의 터닝 포인트를 마주한 이야기를 하려면, 결코 빠트릴 수 없을 만큼 중요한 내용이다.

내가 사회복지사를 목표로 하고, 1급 자격증을 취득해 취업하기까지 5년이 걸렸다. 대학에 다니면서 생활비를 벌기 위해 일용직 아르바이트를 해가며 이뤄낸 쾌거였다. 이토록 끈질기게 매달렸던 이유는 남들이 부러워하는 대기업 취업을 목표로 하는 이들과 별반 다르지 않았다고 생각한다. 그리고 그 이면에는 '보육원에서 어릴 때부터 많이 받았기에 그만큼 베풀고 싶다.', '비슷한 환경에서 자라왔으니 아이들을 더 공감해줄 수 있을 거야.'와 같은 마음이 있었다.

좋은 뜻을 품고 사회복지사가 됐지만, 언젠가부터 어딘가 모르게 공허했다. 이에 나는 내 자신에게 묻고 또 물었다. '내가 원하던 그림이잖아. 왜 이런 감정이 생기는 걸까?', '아이들이 커나가는 모습을 보면 행복하고, 감사한데, 내가 느끼는 마음의 빈공간은 뭘까?' 여기에 대한 답은 사회복지사 4년 차에 접어들면서 찾았다. 바로 가진 것이 있어야 베풀 수 있는데, 내게는 가진 게 없었던 것이다. 그리고 '내 가난도 못 끊어냈는데 대체 뭘 하겠다는 거지?'라는 생각이 들었다.

사람은 최소의 생존을 위한 욕구와 자아실현을 위한 욕구가 존재한다고 한다. 지금에 와서 그때를 돌이켜보면, 당시에는 몰랐지만, 나는 나의 생존 욕구도 해결하지 못하면서 더 높은 자아실현의 욕구를 해소하려 했던 것이다. 설명을 더 하자면, 아이들과 있는 시간이 행복했지만, 내 주머니 사정은 아이들에게 해줄 수 있는 것이 없었다. 베풂에 있어 돈이 전부는 아니지만, 사회복지사가 되면 꼭 하고 싶었던 후원을 신청해도, 통장에 잔액이 없어 빠져나가지 못하는 상황에 무엇을 하든 지갑의 눈치를 봐야 했다.

혹시 지금 바라던 직장에 다니고 있거나, 자신이 소망하던 장래 희망과 꿈을 이룬 경험이 있다면, 나와 똑같지는 않아도 비슷한 경험이 있을 것이다. 엄청난 노력을 기울여 무언가를 달성했는데 허망한 느낌이 들거나, '이것이 전부인가?'라고 생각이 들었던 적 말이다.

나는 이상과 현실이 다르다는 걸 알아차리기 시작하면서 '이 길이 맞는 걸까?'라는 의심을 했고, 다른 방법을 찾았다. 그리고 나는 부자가 되기로 하고, 무자본 부업에 뛰어들었다. 결론부터 말하면, 지금은 온라인 마케팅 회사를 운영하며, 마케팅 컨설팅과 강의 진행으로, 약 8,000명의 수강생과 함께하고 있다. 이전과는 전혀 다른 삶을 살고 있는 것이다. 주머니 사정을 고민하며, 가난을 끊지 못하던 내가 어떻게 단 3년 만에 이렇게 될 수 있었을까? 게다가 나는 무수저, 무스펙의 사회복지사였다. 가진 것 없이 평범한 아니, 그 아래였던 내가 특별해질 수 있었음은 내가 특별해서가 아니라, 우리가 '특별한 시대'에 살고 있어서다.

대다수의 사람은 사업을 하려면, 수많은 자원과 자본이 필요하다고 생각한다. 하지만 이건 어디까지나 고정관념일 뿐이다. 우리 부모님 세대만 해도 대부분의 사업은 오프라인에서 이루어졌다. 그렇기에 초기 자본이 있어야 했고, 자칫 잘못되기라도 하면, 투자한 비용을 잃거나, 심할 경우 빚더미에 앉기도 했다. 그로 인해 우리는 사업을 하면 패가망신한다는 말을 무수히 들었다. 미디어에서도 자극적으로 다루기도 했고 말이다. 이 같은 분위기에 우리 머릿속에는 사업에 대한 부정적인 인식이 자리 잡을 수밖에 없었다.

그러나 이는 옛이야기가 됐다. 내가 말했듯 현재 우리는 특별한 시대에 살고 있으니까. 다시 말해, 오프라인으로만 사업을 진행해야 하는 과거와는 다르게 이제는 온라인으로도 누구나 손쉽게 사업을 할 수 있게 됐다. 그것도 자본 없이. 오프라인으로 사업을 시작하려면, 최소 1,000만 원~5,000만 원 이상이 필요하지만, 온라인 세상에서는 돈 한 푼 들이지 않고도 당장 수익을 낼 수 있는 아이템이 넘쳐난다. 그러하기에 실패해도 리스크가 없다. 이런 세상이다 보니, 나 같은 무수저도 인생 역전을 시킬 수 있는 것이다.

이러한 시대의 혜택을 받은 나는 구글 애드센스를 통해 매달 월 1,000만 이상 수익이 발생하고 있으며, 최고 월 1억 7,000만 원의 순이익을 내보기도 했다. 이 모든 것은 고정관념을 깨고, 시도한 덕분에 얻을 수 있던 결과다. 그 과정에 대해서는 뒷부분에 나누도록 하겠다.

처음부터 무자본으로 시작할 수 있다는 것을 인지하고 있지는 않았다. 나도 위에서 언급한 고정관념에 빠지고 말았으니까. 부자가 되기로 하고, 그 방법을 연구하던 중 나는 부자가 되려면 주식, 부동산, 사업 이 3가지 중 하나를 해야 한다는 사실을 알게 된다. 실제로 부자가 된 사람들도 이 중 하나를 하고 있었다.

하지만 문제가 있었다. 전부 시작하려면 돈이 있어야 했는데, 내게는 그럴 여유가 없었다. 나는 돈을 벌기 위해 돈이 필요하다는 현실이 아이러니하기만 했다. 마치 세상 모든 회사가 경력직을 우대해서 신입은 경력을 쌓을 곳조차 없다는 말처럼 들렸다. 절망적이었지만, 방식이 있으리라 믿고, 항상 '어떻게 극복할 수 있을까?'라는 물음을 놓지 않았다.

그러던 어느 날, 지인이 스치듯 한 한마디가 내 삶의 터닝 포인트가 됐다. "온라인에서는 돈을 들이지 않고도 돈을 벌 수 있대, 블로그는 글만 쓰면 된다더라고."가 그것이다. 그 말을 듣는 순간 나는 '이거다!' 싶었다. 앞에서 얘기했듯 나는 돈을 버는 수단에 대해 끊임없이 궁리하고 있었던지라 그것이 예사로 들리지 않았고, 곧장 실행으로 옮길 수 있었다. 만일 이때 내가 관심이 없거나, 부자가 되기 위해 돈이 필요하다는 사실을 깨닫고, 절망만 하고 있었다면 어땠을까? 아마도 똑같은 이야기라도 흘려듣고, 지금과는 다른 삶을 살고 있지 않을까?

그 이후 나는 어떠한 문제가 찾아와도 그때를 떠올리며, 이 한 문장을 되새기곤 한다. "물음 속에 살면, 어느 날 찾아온 해답에 살아간다." 혹 무언가에 대한 해답을 찾고 있는가? 그렇다면 머릿속에 넣어두기만이라도 해라. 내가 그랬듯 자연스레 풀리기도 하니까. 그리고 그렇게 찾은 해답은 인생을 송두리째 바꿔주기도 한다.

부자가 되려면
시스템을 갖춰야 한다

온라인 사업을 시작하게 된 가장 큰 이유는 오로지 돈을 벌기 위해서였다. 더 많이, 더 크게 베풀고 싶어서 꿈에 그리던 사회복지사를 그만둔다고는 했지만, 궁극적으로는 '큰돈을 벌기 위해서'였다. 돈이 없어서 베풀지 못하는 나의 모습과 정작 내가 원하는 일을 하게 됐지만, 여전히 가난한 현실 그리고 돈이 없다는 이유로 나의 미래의 가족에게도 불행을 줄 수 있다는 불안과 고민을 한번에 해결할 수 있는 것은 내가 더 큰돈을 버는 것이라고 생각했으므로.

그런데 부자가 되는 조건으로 앞에서 이야기한 주식, 부동산, 사업 3가지 외에도 또 다른 공통점이 있었다. 그것은 바로 '시스템'인데, 내가 일하지 않아도 돈이 들어오는 구조, '패시브 인컴(passive income, 자동화 수익)'을 중요시했다.

　일반적으로 우리는 돈을 더 많이 벌기 위해 좋은 대학을 졸업하거나, 전문직이 되거나, 자격증을 취득하는 것처럼 자기 스스로 무언가를 해서 본인의 시간당 수익을 높이는 방식을 선택하기 마련이다. 그렇지만 어느 정도 부를 이룬 사람들은 자신의 시간을 돈으로 환전하지 않고, 자동화 수익으로 부를 이루고 있었다. 우리가 알고 있는 시간이라는 개념이 통하지 않는 것이다. 이에 나는 온라인으로 수익을 내기 위해 가장 중요하게 여긴 부분 중 하나가 눈앞의 수익보다 자동화 수익의 가능성 여부였다.

　기존에는 자동화 수익을 만들려면, 금융 자산을 통해 이자 배당을 받거나, 부동산을 이용해 월세를 받아야만 해서 자본을 투자해야 했지만, 이제는 무자본으로도 온라인 자동화 수익을 만들 수 있게 됐다. 이로써 위험성도 없고, 무한대로 실험해볼 수 있다는 장점이 있는 반면, 수익이 나기까지 일정 시간을 들여야 한다는 단점이 있다.

　이와 같은 온라인 자동화의 특성을 파악한 나는 약 8,000만 원의 빚이 있어 당장의 수익도 중요했지만, 내가 원하는 것은 일시적으로 많이 벌어 부자가 되는 것이 아니라, 내 삶을 오랫동안 더 윤택하게 해줄 도구를 따르는 것이 옳다는 판단을 했다. 이런 기준으로 내가 고른 플랫폼은 '구글 애드센스'였다.

구글 애드센스는 구글에서 제공하는 광고 중개 서비스로, 광고를 하고 싶은 사람들의 요청을 구글에서 접수해 광고를 송출해준다. 광고를 송출하려면 광고를 할 수 있는 공간이 필요한데, 그것이 온라인에서 이뤄지는 것이고, 나와 같은 이용자들이 광고를 블로그를 통해 송출해줌으로써 수익을 얻는 구조다.

불과 얼마 전까지만 해도 광고를 하려면 TV나 라디오 등 대중매체가 필요했지만, 요즘은 그런 미디어적 요소 없이 개인도 대중에게 광고할 수 있게 된 것이다. 이는 번화가나 건물이 많은 거리에서 보게 되는 전광판 또는 간판에 붙은 광고와도 같다고 볼 수 있는데, 오프라인에서도 알리고 싶은 게 있다면 건물이나 지면을 통해 사람들에게 보여주듯, 온라인에서도 똑같은 방식으로 활용하는 것이다.

차이가 있다면, 오프라인에서는 건물을 소유하려면 시간도 비용도 어마어마하게 소요되지만, 온라인에서는 블로그라는 매체를 통해 광고를 하고, 수익을 얻음으로써 건물주가 건물에 광고하는 것과 같은 효과를 볼 수 있다. 게다가 오프라인에서는 건물 하나당 전광판 광고 1개만 할 수 있지만, 온라인에서는 블로그 포스팅마다 광고할 수 있어, 포스팅 하나가 건물 하나의 역할을 대신해준다고 보면 된다.

물론 구글 애드센스도 초반에는 블로그에 포스팅을 해야 한다는 수고스러움이 따른다. 그래도 온라인 세상에 내가 쓴 글을 배포해

두면, 내가 일을 하지 않아도 자동으로 수익이 들어온다. 이것이 내가 이야기한 부자들이 가장 중요하게 여기는, 내가 일하지 않아도 돈이 들어오는 자동화 수익인데, 온라인 매체를 이용해 땡전 한 푼 들이지 않고도 구성할 수 있다.

역설적이게도 그 당시 내가 가진 것이 하나도 없었기에 구글 애드센스를 시작할 수 있었다. 만약 나에게 상품이 있거나, 금전적 능력이 있었다면, 지금 이 자리에 없었을 것이다. 나는 나의 물건을 팔기 위해 애썼을 것이고, 그렇다면 온라인에서 무자본으로 시작할 수 있을 거라는 생각조차 하지 못했을 테니까.

온라인에도 수많은 수익화 방법이 존재하는데, 내가 현재 하고 있는 온라인 마케팅을 선택한 이유는 한번 자리를 잡아두면, 어느 정도 반자동화 수익이 가능하며, 나의 특별한 아이템이 없어도 되는 데다가, 잘못됐을 때 재고를 떠안지 않아도 된다는 점이 매력적이었던 덕분이다. 즉, 내가 가진 것이 없어도, 다른 사람의 아이템으로 수익을 낼 수 있다는 장점과 자동화 수익이 가능하다는 점에서 도전했다. 가진 것이 없었기에 무자본으로 자동화 수익을 만든다는 목적으로, 딱 1년을 구글 애드센스에 집중하여 블로그를 운영했고, 그 결과 월 1,000만 원이라는 온라인 자동화 수익을 완성했다.

여기서 꼭 짚고 넘어가야 할 게 있다. 구글 애드센스를 하기로 했다면, 욕심을 내려놔야 한다는 것이다. 나의 경험담을 얘기해주자면,

제대로 하고 싶은 마음에 어떻게 할지 고민만 하고, 찾아만 보다가 그만둔 적이 있다. 완벽하게 시작하려 한다면, 아무것도 할 수가 없다. 완벽하지 않아도 일단 시작하고, 피드백하고, 수정하고, 다시 시도해보는 과정이 필요하다. 그래야 다음 스텝으로 나아갈 수 있다. 뭐라도 결과물이 있어야, 피드백하고, 보완해 성장할 수 있으니까.

끝내 나도 완벽하지 않아도 일단 해보자는 마음을 먹고, 8시간이 걸려도 포스팅해, 내가 쓴 글을 분석하고, 피드백하며, 수정해나갔다. 이 과정을 반복해 수익이 오르면서 비완벽한 행동이 쌓이고 쌓여서 한번의 완벽한 행동으로 급성장하게 됨을 알게 됐다.

아래의 내가 애드센스를 시작한 직후부터 수익이 급등할 때까지를 나타낸 그래프를 살펴보면 알 수 있듯, 온라인 자동화 수익은 처

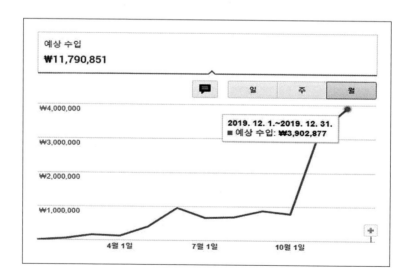

음에는 수익이 크게 나지 않지만, 한순간에 폭발적인 성장을 한다. 수익이 증폭하기까지 연습 기간이 필요하다는 의미다. 그러므로 잘하는 것보다 행동하는 것이 중요하다.

구글 애드센스를 시작했을 때는 오로지 수익만을 목적으로 포스팅했다. 그럴 만한 게 구글 애드센스를 시작한 목적이 수익을 얻고, 온라인 자동화 수익을 만들겠다는 단 하나의 이유였으니까. 이렇게 수익만을 따르다 보니 부작용이 생겼다.

마케팅에서는 '체리피커'라는 용어가 있는데, 이는 다른 사람 혹은 광고를 진행하는 광고주에게는 도움을 주지 않고, 자신만의 이익을 노리는 사람을 의미한다. 가령, 한 기업에서 상품을 구입하면 서비스로 커피 쿠폰을 주는 이벤트를 진행한다고 하자. 이때 상품을 구입한 후, 커피 쿠폰을 받고, 환불하는 것과 같은 것이라고 생각하면 이해가 쉽다.

수익에만 급급해 포스팅을 하다 보니, 그 글을 보는 사람에게 정보는 주지 않고, 광고주의 광고에도 도움을 주지 못한 채, 나는 어느새 이득만 취하는 체리피커가 되어 있었다. 솔직히 이때는 사업에 대한 이해도 부족했고, 오로지 수익에 불을 켜고 있었으니, 이기적으로 변해가는 내 모습을 알아차리지 못했다.

그 와중에 구글 애드센스에서 한 통의 메일이 왔고, 거기에는 대략 이런 내용이 적혀 있었다. "귀하의 계정은 광고 개제 제한이 됐습니다. 광고의 노출이 제한되며, 수익을 창출할 수 없게 됩니다." 나의 계정이 어뷰징성이 짙으니 구글에서 수익 창출을 제한한다는 것이었다. 여기서 어뷰징은 클릭 수를 늘리기 위해 중복·반복 기사를 전송하거나, 인기 검색어에 올리기 위해 조작하는 행위를 두고 하는 말이다. 가슴이 철렁했다. 그 당시 나는 회사를 그만둔 상태였고, 월 1,000만 원이 구글 애드센스에서 들어오고 있었는데, 그것이 끊기는 것은 기본이고, 언제 복구가 될지도 모르는 상황이 된 것이다.

그렇게 나는 2달가량 수입 없이 생활하는 경험을 해야만 했는데, 월 1,000만 원씩 들어오던 수익이 2달 동안 들어오지 않으니, 약 2,000만 원의 기회적 손실이 일어났다. 더욱이 전업으로 하고 있던 터라 그 여파는 상당히 컸다. 그러나 그 시간을 통해 왜 이런 일이 발생했는지 분석하고, 나를 되돌아볼 수 있었다.

이때 사업은 나의 이득만 취하려고 하면 안 된다는 진리를 깨우쳤다. 사업의 기본 원리를 그제야 이해하게 된 것이다. 처음부터 사업의 형태로 시작한 것이 아니라, 혼자 블로그에 글을 쓰면서 수익을 얻다 보니, 다른 사업가에 비해 뒤늦게 인지했지만, 지금 생각하면 그때라도 알게 되어 다행이라고 생각한다. 이렇듯 세상은 언제나 시련을 먼저 겪고, 그 상황을 이겨내야만 깨달음이 선물처럼 오는 듯하다.

그 이후 나는 오로지 수익에만 목적을 두는 것이 아닌 사업의 본질을 고민하게 됐고, '사업은 도움이 필요한 사람을 돕는 것'이라고 정의 내렸다. 이로써 내 글을 접하는 사람에게는 정보를, 광고주에게는 성장할 수 있는 계기를 제공하는 콘텐츠를 만들고자 포스팅에 정성을 기울일 수 있었다. 지금 운영하고 있는 회사의 '같이 성장할 수 있는 가치 있는 콘텐츠를 만들자!'라는 슬로건에도 이와 같은 의지가 담겨있다.

이처럼 방향성을 통해, 한쪽에만 이득을 취하는 것이 아닌 모두가 함께 윈윈하여 성장할 수 있는 구도를 만들었고, 온라인 마케팅 회사를 설립해 처음 협력한 광고주와는 지금까지도 함께할 정도로 높은 신뢰도 쌓아가고 있다.

본질을 깨닫고
월 1,000만 원을 벌었다

아무것도 없던 내가 월 1,000만 원을 달성할 수 있을 거라고는 솔직히 꿈에도 상상 못했다. 많으면 월 100만 원 정도의 수익을 생각하고 시작한 일이 10배 이상을 벌어들이게 된 것이다. 하지만 돈도 돈이지만, 그 외 무수한 것이 내게 다가왔다.

가장 많이 느끼는 감정은 '감사함'이다. 이제는 더 이상 지갑 사정 눈치 보지 않고, 남을 도울 수 있다는 점에 큰 감사함을 느낀다. 내가 부자가 되기로 했던 가장 큰 목표를 이룬 것이다. 나는 처음부터 지금까지 수익이 나면 가장 먼저 하는 것이 기부다. 사회복지사로서 근무할 때는 그토록 하고 싶었던 기부를 하지 못했지만, 사회복지사를 그만두고 나서는 한번도 끊어지지 않게 매달 수익의 1%

이상은 기부를 실천 중이고, 최종 목표는 1억 원 이상의 고액 기부를 통해 아너소사이어티가 되는 것이다.

그리고 경제적인 여유가 생기면서 주변 사람의 불행을 막아줄 힘이 생겼다는 것에 감사함을 느낀다. 예전에는 가족이 아프다고 하면, 건강보다 병원비부터 걱정했고, 그러한 내 모습이 비참하기도 했다. 그런데 그럴 일이 없어진 것이다. 경제적 여유가 생기면 행복이 늘어난다기보다는 불행할 일을 줄여주고, 선택의 폭을 넓혀준다는 것을 느낀다.

다음으로 월 1,000만 원이라는 '상징성'이 생겼다. 월 1,000만 원이라는 단어가 유튜브나 매체에서 많이 사용되어 피로도가 쌓이긴 했지만, 아직까지 통용되고 있다.

나는 구글 애드센스를 통해 수익이 높아지면서 월 1,000만 원이라는 상징성으로 특별 초청 강의를 진행하기도 했는데, 실제로 온라인으로 월 1,000만 원 이상의 수익을 내는 사람은 생각보다 많았다. 시대가 변하면서 기회가 열려 더 많아지게 된 것이다.

당연히 이제 막 시작하는 사람에게는 월 1,000만 원의 벽이 높게 다가올 수 있다. 아무것도 없던 상태에서 시작한 나도 똑같이 느꼈지만, 마음만 먹는다면 요즘 시대에서는 불가능한 것은 아니라고 생각한다. 정말 살면서 한번쯤은 월 1,000만 원이라는 상징성을 가져보길 바란다. 일상의 많은 것이 바뀔 것이다. 환경도, 마음가짐도.

여기서 "그럼, 그 월 1,000만 원은 어떻게 만드는 건가요?"라고 물을 수 있다. 내가 자주 하는 말을 적용해 답하자면 "구글 애드센스를 연습장으로 사용하세요."에 답이 있다.

아마도 대부분이 구글 애드센스를 수익화 수단으로 이해할 것이다. 나 또한 그랬다. 그런데 언젠가부터 이제 막 시작하는 사람이라면, 누구나 온라인 자동화 수익을 내기 위한 연습장처럼 사용할 수 있다는 생각이 들었다. 지금은 온라인 마케팅 회사를 운영하고 있지만, '구글 애드센스로 출발해 어떻게 여기까지 올 수 있었을까?'를 물었을 때, 본질을 들여다보고, 내가 해볼 수 있을 만큼 다뤄봤기에 나온 결과물이 아닐까 한다. 조금은 이해하기 어려울 수도 있는 이야기지만, 아주 중요한 내용이니 잘 들어주길 바란다.

우리는 어떤 일을 하든 본질을 바라보는 눈을 길러야 한다. 이 기준을 구글 애드센스에 가져왔을 때, 내가 발견한 구글 애드센스의 본질은 수익화 수단이 아닌 마케팅이었다. 포스팅을 하고, 수익을 내면서, 어떻게 하면 사람들을 유입시키고, 수익으로 전환할 수 있는지 자연스럽게 터득하게 됐다. 그리고 클릭률을 높이기 위해 카피라이팅도 공부했다. 처음에는 단순 글쓰기였을지 모르지만, 이때 알게 된 이론과 방법으로 마케팅 회사까지 차릴 수 있었다. 뿐만 아니라 구글 애드센스를 하면서 배운 것을 제휴마케팅에 활용했더니,

구글 애드센스에서 월 1,000만 원의 수익이 나기까지 1년이 걸렸다면, 제휴마케팅에서는 6개월 만에 달성했다.

다시 말하지만, 모든 성과는 구글 애드센스를 수익화 도구라고만 받아들이지 않고, 더 큰 틀에서 보려는 노력으로 마케팅이라는 본질을 알아낸 순간부터 시작됐다. 만약 자신이 하는 일에서 막히는 부분이 있다면, 본질을 놓치고 있는 게 아닌지 점검해보는 것이 좋다. 그를 통해 막혔던 부분이 조금씩 해소되면서 색다른 길도 찾게 될지 누가 아는가.

당연히 살아온 대로 살면서 문제를 껴안고 있을 것인지, 아닌지 선택은 당신의 몫이다. 망설이고 있다면, 질문 하나를 해보겠다. "만일 앞으로 다가올 미래는 당신이 원하는 모든 것을 만들 수 있다면 믿을 수 있는가?" 답하기 어려울 거란 걸 잘 안다. 그럼, 쉽게 생각할 수 있도록 팁을 주겠다.

우리가 지금 살아가고 있는 삶의 모습은 전부 과거에 자신이 선택한 값이 모여서 만들어진 것이다. 반대로 생각하면, 앞으로 우리의 미래는 지금의 선택들로 만들어 갈 수 있다. 즉, 당신에게는 미래를 스스로 만들어갈 힘이 충분히 있다. 그 힘은 이 순간부터 좋은 선택을 쌓아가는 것이고, 좋은 선택을 하기 위해서는 책을 읽고, 강의를 듣고, 다른 사람들과 교류하면서 질을 높여야 한다.

선택의 질을 높이지 않는다면, 지금과 같은 선택을 다시 하게 될 것이고, 그로 인해 쳇바퀴 같은 삶을 살게 되는 것은 물론, 미래는 변하지 않을 것이다. 발전하지 않는다는 것은 머무르는 것이 아닌 도태되는 것이다. 그렇다고 좋은 선택의 순간들이 당장 빛을 보게 해주는 것은 아니다. 하지만 한순간 한순간이 모여서 1년 뒤, 2년 뒤, 10년 뒤에는 지금과는 다른 삶으로 이끌어줄 것이라고 확신한다.

월 1,000만 원은
첫발에 불과하다

월 1,000만 원을 벌고 나서 느낀 감정 가운데 마지막에 이야기하기 위해 빼놓은 내용이 있다. 이는 상징성에 묻힌 진실이라고도 할수 있는데, "월 1,000만 원은 사업을 시작하는 사람에게 첫발에 불과하다."는 것이다. 그렇다. 사업가에게 있어 월 1,000만 원은 직장인으로 따지면, 최저시급과도 같다. 이 정도는 벌어야 수지타산이 맞다는 뜻이다. 왜냐하면 소득세로만 20% 이상을 떼 가고, 건강보험료를 비롯한 여러 세금을 납부하고 나면, 남는 것이 그리 많지 않기 때문이다.

그렇다고 해서 내게 앞으로의 주목적이 더 많은 소득을 내는 것은 아니다. 모두가 그런지는 모르겠지만, 나는 월 1,000만 원을 달성한 뒤로 돈을 더 버는 것보다 가치를 만드는 것에 더욱 집중하고 있고, 수익은 그에 따라 자연스럽게 따라온다고 믿는다. 내가 클래스를 열고, 커뮤니티를 운영하고, 책을 출간하는 이유도 같은 맥락이다. 나는 분명 부자가 될 텐데 그때 같이 부를 누리며, 함께할 사람을 위해 내가 아는 것을 알려주고, 나눠주는 것이다.

물론 나도 아직 미완성이다. 부족한 점이 많아 배우는 단계이고, 성장 중이다. 여전히 처음 해보는 일은 직접 부딪치며, 고군분투하기도 한다. 그런데도 할 수만 있다면, 내가 알게 된 모든 것을 나누고 베풀고 싶다. 내가 부자가 되겠다고 마음먹었을 때, 나를 가장 힘들게 하는 것이 어떻게 시작해야 할지 도무지 알 수 없는 막막함이었던지라, 단 한 명이라도 나보다 빠르게 인생의 터닝 포인트를 만나, 덜 고생하길 바라는 마음이 크다.

이런 내게 어렵게 터득한 것을 공유하는 게 아깝지 않으냐고 묻는 사람도 있지만, 손에 꽁꽁 쥐고 아낀다고 한들 정보는 고이면 썩기 마련이고, 관 속에 들고 가지 않을 거라면, 차라리 계산기 두드리지 않고, 나누는 것이 백번 낫다.

나는 모두가 부자가 될 수는 없어도, 누구나 부자가 될 수 있다고 믿는다. 다만 준비해야 할 것이 있다. 그것은 다름 아닌 자기 자신을 믿는 자세다. 혹시라도 할 수 없다고 생각하면, 그것은 강한 에너지로 무의식 속에 침투하여, 모든 행동에 제약을 걸게 된다. 그로 인해

나 자신도 모르게 잘못된 선택을 하게 하기도 한다. 반대로 스스로 할 수 있다고 확신하면, 그 또한 힘을 가져 무엇이든지 이룰 수 있게 해준다.

이 같은 관점에서 나는 긍정적인 생각을 가장 중요하게 생각한다. 자신이 믿는 만큼 성장할 수 있으니까. 솔직히 고백하자면, 나도 나를 믿지 못했고, 자신감도 없었고, 자존감도 낮았다. 다음은 이를 극복하기 위해 찾아낸 방법이다. 이미 목표를 이룬 사람을 보면서 "저 사람도 처음부터 지금처럼 잘하진 않았을 거야. 저 사람도 했는데, 똑같은 사람인 나라고 못하겠어?"라고 최면을 걸었다.

본인을 믿지 않고는 앞으로 나아갈 수 없다. 자기 자신도 못 믿으면, 그 누구도 당신을 믿어주지 않는다. 더 나은 삶을 살기 위해 스위치를 켰다면, 내가 했던 주문을 이제 당신이 나를 보면서 외쳐주었으면 한다.

"저 사람도 했는데, 나라고 못하겠어?"

행운의 QR코드 ─────────────────
이벤트에 참여하여 수백만 원 상당의 혜택을 받으세요.
이벤트는 조기 종료될 수 있습니다.

인생도 콘텐츠도 본질이 생명이다

김형진

내 삶이 없는 방송국 PD에서
나만의 돈 되는 스토리를 만들어가는
유튜브계 미다스의 손

시간적 자유를 얻고자 방송국 PD를 그만두고, 유튜브 시장에 뛰어들었다. 첫 스타트업으로 200만 채널, 뒤이어 40만 채널을 만들어냈다. 이를 바탕으로 기획 전문가, 유튜브 컨설팅 회사 대표로 활동 중이다. 최근에는 취미로 시작한 컬렉팅을 수익화 하고자 개설한 아트 유튜브 채널을 카테고리 TOP 3 안에 진입시키면서, 컬렉터로서 온·오프라인에서 열정적인 강의를 펼치고 있다.

목적 없는 간절함은
더 큰 실패를 부른다

나는 지금까지 유튜브 컨설팅 회사를 운영하며, 대학교 강의, 컨설팅 등을 통해 5,000명이 넘는 수강생을 만났다. 그들은 모두 부푼 꿈을 안고 나의 수업에 참석했고, 마치 당장이라도 유튜브 계정을 개설해 콘텐츠를 만들 듯한 열정을 보여줬다. 하지만 집으로 돌아간 그들 중 과연 몇 명이나 유튜브를 시작했을까? 내가 내린 통계에 의하면 100명도 채 되지 않는다. 물론 개중에는 성공의 반열에 오른 유튜버도 있지만 말이다. 그만큼 유튜브는 꾸준히 하기가 쉽지 않다. 그 이유는 무엇일까? 아마 당장에 이뤄지는 보상이 없어서이지 않을까 한다.

성공한 유튜브를 보는 데 익숙한 사람들은 본인이 시작해도 그만큼 할 수 있으리라 기대한다. 구독자 100만 명을 넘기고, 인플루언서가 되고, 집에서 본인이 하고 싶은 일을 하면서 돈을 벌고, 안정적인 삶을 살 수 있을 거라는 꿈을 꾸는 것이다.

아이러니하지 않은가. 앞서 말했듯 우리는 좋은 회사에 취직하기 위해 공부만 하면서 초·중·고등학교 시절을 보내고, 대학에 진학한 후에도 학벌에 대해 고민을 하고, 그것만으로도 부족해 어학연수를 떠나고, 자격증 공부를 하고, 힘든 인턴 생활까지 견뎌야 하는 수많은 과정을 겪는다. 그렇다면 유튜버로 성공해 돈을 벌려면, 적어도 이 정도의 노력이 필요하지 않을까?

좋은 대기업에 입사하기 위해서는 기본적으로 100:1이 넘는 경쟁률을 뚫어야 한다. 유튜버가 되기 위한 경쟁률은 어떨까? 지금 이 순간에도 유튜브에는 수많은 채널이 생기고, 영상이 쌓여가고 있다. 즉, 대기업보다 더 높은 경쟁률을 뚫어야 한다는 뜻이다. 그러니 가볍게 유튜브를 시작하는 사람은 살아남기 쉽지 않고, 수많은 유튜버 꿈나무가 그렇게 사라지는 것이다.

"가볍게 시작하면, 결코 좋은 결과와 보상이 주어지지 않는다." 누구나 이 공식을 알고 있다. 하지만 사람이기에 실수를 저지를 수밖에 없다. 나 역시도 그랬고 말이다. 한때 나도 유튜브는 아니지만, 막연한 꿈에 취해 살던 적이 있다. 그리고 아주 뼈저린 실패를 경험해야만 했다. 그 스토리를 지금부터 풀어본다.

나는 방송국 PD였다. 오랜 꿈이었기에 내가 퇴사를 결정했을 때 주변 사람들은 나를 이해하지 못했다. 하지만 그 당시 나는 스타트업에 취해있어서 다른 사람들의 조언은 귀에 들리지 않았다. 그저 나의 성공을 바라지 않는 사람들의 질투로 여겼다.

그때 나는 회사 월급이 아닌 큰돈을 벌고 싶었고, 당장이라도 나의 아이디어를 실현시키면, 부자가 될 거라고 믿었다. 그렇게 퇴사후 1개월이 채 되지 않아 창업했고, 1년 안에 M&A 또는 상장할 수있으리라는 행복한 꿈에 부풀어 있었다.

하지만 스타트업을 창업해 운영하는 건 결코 쉬운 일이 아니었다. 곧 잡힐 듯한 미래가 보여도, 당장 매출이 발생하지 않는 현실이 꽤 가혹했다. 잠도 제대로 못 자고, 새벽까지 강도 높은 노동을 해도, 1년 동안 나의 수입은 월 30만 원이 전부였다. 게다가 퇴직금과 모아둔 돈이 눈에 보일 정도로 빠르게 사라짐에 따라 경제적인 어려움을 겪었다.

이로써 가볍게 친구를 만나는 것도, 청첩장을 받는 것도, 모두 부담이었다. 당당하게 회사를 뛰쳐나왔으니, 누군가에게 고민을 털어놓기도 쉽지 않았고, 마지막엔 자존심만 남아 스스로를 괴롭혔다. 이대로는 안 되겠다 싶어 심리상담소도 열심히 다녀봤지만, 돈이 없는 삶은 여전히 불안했다.

한번 흔들린 삶은 다른 일상에도 영향을 끼쳤다. 작은 일에도 쉽게 예민해졌고, 다른 대표들과 마찰이 일어나기 시작했다. 그 정도로 마음의 여유가 없었던 것이다. 이때 조급한 마음을 가라앉히기 위해 다른 일을 병행했고, 그것이 '유튜브'였다.

정말 간절했다. 나에게 유튜브는 생계였고, 직업이었고, 미래였다. 이 책을 읽는 사람 중 나만큼 절실하게 유튜브를 시작하는 사람이 없다고 생각할 만큼. 그러하기에 나는 당신에게 진심으로 전한다. 혹 조금의 여유를 위해 유튜브를 하려 하는 것이라면, 힘을 빼고 시작하거나, 조금 더 기다렸다가 하라고. 모두가 유튜브를 할 필요는 없으니까.

그럼에도 유튜브를 하고 싶다면, 당신은 시간과 노력을 투자해야 한다. 교과서적인 이야기지만, 꼭 유튜브가 아니더라도 무언가를 시작하려면 '몰입'이 필요하다. 하루의 대부분을 투자하지 않아도, 삶을 올인하지 않아도, 우리는 충분히 몰입할 수 있다. 적어도 삶의 우선순위에 둔다면.

그런 점에 있어 감사하게도 나는 몰입을 잘하는 사람이다. 한 가지 일을 우선순위에 두었을 때, 그 시기만큼은 간절함이 발휘돼 무서운 속도로 일을 진행한다. 내가 가진 유일한 장점이자 최고의 강점일 것이다. 이로써 단기간에 좋은 성과를 낼 수 있었다고 믿는다.

그렇다면 유튜브를 하는 데 있어서 몰입이란 무엇일까? 그것은 바로 눈에 보이는 '구독자'와 '조회 수'가 아닌 유튜브를 하려는 '목적'에 중심을 두어야 한다는 것이다. 왜냐하면 목적이 없는 유튜브는 빈 깡통과 다를 게 없기 때문이다. 그러니 부디 브이로그, 여행, 먹방 한다고 가볍게 이야기하지 않았으면 한다. 가볍게 시작하면 결국 한 달도 하지 못할 테니까.

분명히 말하지만 유튜브는 아무 생각 없이 시작하면, 아무 생각 없이 그만두게 된다. 그러니 유튜브라는 수단을 어떻게 활용해야 할지 충분히 고민하고, 주제를 정해 시작해야 한다. 그럼, 유튜브를 수단으로 활용한다는 건 어떤 의미일까? 예를 들어 설명해보겠다.

나에게 컨설팅을 받은 피트니스 트레이너가 있다. 그녀는 목적이 명확했는데, 더는 지하철역 앞에서 전단지를 나눠주고 싶지 않다는 것이었다. 오프라인이 아닌 온라인으로 홍보의 창을 마련하고 싶다는 말이었다. 이 명확한 목적성으로 유튜브 채널을 기획하여 만들었다. 결과는 어땠을까? 한 달 동안 구독자 300명이 됐다. 혹, 적게 느껴지는가? 하지만 그녀는 이로써 목적을 이루었다. 구독자는 고작 300명이었지만, 지하철로 출근하지 않아도 된 것이다. 그냥 300명이 아니라 타깃이 명확한 300명이었던 덕분이다.

기획을 통해 만들어진 그 채널에는 오직 다리 고민을 안고 있는 여성이 모여들었다. 그리하여 지하철역 앞에서 전단지를 나눠주던 시간을 회원 관리에 투자했다. 또 운이 좋게도 그녀의 구독자 중에는 국내 대기업의 자녀가 있었는데, 개인 홈트레이닝을 요청하며, 점차 입소문도 났다. 현재는 업계의 손에 꼽히는 트레이너가 되어, 더 높은 수입과 여유로운 시간을 즐기고 있다.

자, 어떤가? 고작 300명이라고 생각했을 수 있지만, 이런 놀라운 성과를 낳았다. 혹시 운이 좋다고 생각할 수도 있을 것 같아, 다른 예시를 하나 더 들어보겠다.

부모님의 농원 사업을 도와드리고 싶다는 목적으로 유튜브 컨설팅을 요청한 고객이 있다. 채널 기획은 간단했다. 농원에서 가장 인기 있는 식물을 조사했고, 그 식물 딱 하나만 키워드로 선정해 정보를 전달하는 깊이 있는 콘텐츠를 발행하기로 했다. 그가 사용한 키워드는 '사랑초'였는데, 생소할 수도 있지만, 판매량으로 미루어보아 식물을 키우는 사람들 사이에서는 유용한 키워드임이 확실했다.

결과는 대성공이었다. 현재 이 채널의 구독자는 1만 명을 넘겼으며, 유튜브에서 사랑초를 검색하면, 최상위에 노출되는 채널로 자리 잡았다. 그뿐만 아니라 공급량이 수요량을 따라가지 못해, 채널보다 본업에 집중하고 있는 상태다. 채널을 찾아보면 알겠지만, 영상 편집이 대단히 뛰어나지는 않다. 그런데도 사랑초를 찾는 이들에게 필요한 정보가 충분히 제공되니, 그것만으로 수단의 몫을 다한 것이다. 이제 유튜브는 목적이 아닌 수단으로 이용해야 한다는 말에 조금 더 공감할 것이다.

한번 더 정리하자면, 수단으로 유튜브를 성공시키려면, 구독자와 조회 수를 올리는 콘텐츠가 아니라 영양가 있는 내용을 담아야 한다. '명확한 목적', '타깃' 그리고 '채널 기획'만 있다면, 이러한 채널을 만드는 것은 어렵지 않다. 유튜브를 수단으로 활용하고자 한다면 이 3가지를 꼭 기억해라.

간절함이 있는 사람은 스스로 알아서 한다. 하지만 목적 없는 간절함은 더 큰 실패를 가져오기도 한다. 그러니 간절하다면 유튜브를 통해 무엇을 이루고 싶은지부터 생각해보길 바란다.

무작정 성실하게
열심히 살지 마라

나는 아직도 방송국 PD로 입사했을 때, 최종면접에서 받았던 질문이 생생하게 기억난다. "방송 촬영이 있고, 집안에 일이 있다면 어떤 선택을 하실 건가요?" 이때 나는 "방송국 PD는 일반적으로 야근을 많이 하는 직무로 인식되어 있어서 업무에 집중한다고 해도 모두가 이해해 줄 듯합니다."라고 답했다.

물론 합격을 위해 한 대답이었다. 나는 그렇게 야근을 밥 먹듯이 하는 세상에 발을 들였다. 그곳에서 5년이라는 시간을 보내면서 원하는 일을 한다는 만족감과 성취감은 있었지만, 내 삶은 없었다. 회사에서 강압적으로 야근을 시키진 않았지만, 한 프로그램을 담당하는 PD라는 직책은 생각보다 많은 책임감이 따르는 일이었다. 프로그램의 완성도를 높이기 위해 주말 출근과 야근을 반복했고, 자연스레 주변 사람과도 서서히 멀어졌다.

월급은 대부분 택시비와 숙박비로 소진됐다. 그럼에도 불구하고, 같이 일하는 선·후배들이 좋아 그런대로 버틸 수 있었다. 그리고 성실함을 인정받은 나는 대리로 진급했고, 그룹 계열사에서 선발을 통해 들어갈 수 있는 기업 대학원에서 공부할 기회도 얻었다. 기업 대학원은 각 그룹사에서 팀장급 인재를 양성하기 위해 만든 곳이기에 학문적인 이야기와 더불어 다양한 사업적 이야기를 듣고 배울 수 있었다. 회사 입장에서는 안타깝지만 그 의도는 나에게 다른 세상을 보여주는 계기가 됐다. '세상에는 돈을 벌 수 있는 수단이 정말 많구나?'를 깨닫게 한 것이다. 새로운 세상을 알게 되자 '정말 이 직업이 내가 원하는 게 맞는가?'라는 질문이 쏟아졌다. 그리고 그 질문에 답을 찾지 못한 나는 한 학기가 끝나자마자 퇴사를 결심했다.

앞서 말했듯 나의 시작은 실패에 가까웠다. 다행히 일어설 수 있는 기회가 생겨, 전 축구 국가대표 김병지 선수와 함께 〈꽁병지〉 유튜브 채널을 운영하게 됐다. 김병지 선수가 먼저 나에게 "유튜브로 돈을 벌어보자."고 했는데, 처음 제안을 받았던 2017년만 해도 유튜브는 대중적인 플랫폼은 아니었지만, 모험을 해보기로 했다.

처음 6개월은 채널의 수익이 없어 무일푼으로 일했다. 내 노동의 대가가 '0원'이었던 것이다. 그래도 아침부터 새벽까지 열정을 쏟아

일했다. 아침에는 영상을 편집하고, 오후에는 업체와 미팅을 하고, 새벽에는 축구 경기를 중계하며, 정신없는 하루를 보냈다. 그런데 그 전과 같이 야근하고, 주말에도 일을 했지만, 느낌은 전혀 달랐다. 지금에 와서 생각해보면, 유튜브로 벌어들이는 수익은 무조건 1/N 이라는 조건이 주는 희망 덕분이었던 듯하다. 기본급은 0원이었지만, 일한 만큼 돈이 주어진다는 동기 부여가 간절했던 나를 스스로 움직이게 만든 것이다.

사실 그때 나는 사업적인 감각이 없었다. 나에게 유튜브를 통한 수익 수단은 오로지 조회 수가 유일했던지라, 1일 1영상을 만들어 올렸다. 그렇게 몇 개월 동안 무식하리만큼 집중했더니, 조회 수만 으로 월 2,000만 원을 안정적으로 만들었다. 그것만으로도 매우 만 족스러웠다. 평소 좋아하는 축구 콘텐츠로 직장에 다닐 때보다 높은 월급을 가져갈 수 있었으니까. 하지만 본격적인 수익은 그 이후 부터였다.

김병지 선수는 프로선수로 20년 동안 활동한 인플루언서이자, 유소년 축구클럽을 운영하는 사업가였으며, 부동산 투자까지 잘하는 자산가이기도 했다. 아니나 다를까. 함께 만들어 간 유튜브 채널을 통해서도 사업가적인 면모가 날카롭게 드러났다. 〈꽁병지〉 채널을 본격적으로 사업화하기 시작한 것이다.

〈꽁병지〉 채널을 토대로 사업제안서를 만들었고, 광고를 받기 시작했다. 안정적인 광고 수급을 위한 MCN과의 계약도 단번에 성사됐다. 그랬더니 〈꽁병지〉 채널은 월 2억~3억이 넘는 매출을 만들어 냈다. 밤새 영상을 만들지 않아도, 수입이 늘어났다. 나는 비로소 그때 깨달았다. '시간을 들이는 만큼 돈이 벌리는 게 아니구나.', '돈을 버는 방법을 알아야 돈을 버는구나.', '열심히만 하는 게 아니라 잘 알고 해야 하는구나.'를. 이로써 나는 '시간의 가치 바꾸기'를 위한 노력을 본격적으로 하게 된다.

〈꽁병지〉 채널의 성공은 월급 0원에서 벗어나 월급 5,000만 원이라는 성공적이고, 안정적인 수익을 가져다주었다. 만일 내가 김병지 선수의 사업성을 보지 못한 채 밤새 영상을 만들어 월 2,000만 원을 벌었다면, 과연 행복할 수 있었을까? 꾸준히 지속할 수 있었을까? 아무리 생각해도 긍정적인 답변이 나오지는 않는다. 이처럼 높은 수익도 중요하지만, 방법을 찾는 것도 매우 중요하다. 모두에게 주어진 동일한 시간의 가치를 더 효율적으로 높이는 방법을 찾아야 한다는 뜻이다.

무작정 성실하게 열심히 살아서는 안 된다. 이는 당신의 시간과 능력이 다른 영역에서 더 가치가 있을 수 있다는 말이다. 그러므로 당신을 빛내줄 다른 영역이 무엇인지 끝까지 치열하게 고민하고, 도전해야 한다. 이 부분을 설명하기 위해 하나의 사례를 들어본다.

나는 한성대학교에서 성우 지망생 학생들을 대상으로 강의를 담당한 적이 있다. 그때 대부분 '목소리를 좋게 만드는 방법', '좋은 성우가 되는 방법'을 주제로 골랐다. 하지만 나는 각자가 가진 좋은 목소리와 연기력으로 더 많은 대중이 반응할만한 '다른 콘텐츠'를 만들어봤으면 했다. 그래서 성우 지망생들이 리뷰 콘텐츠를 다룬다면 일반인보다 전달력이 좋을 것이고, 연기를 통해 몰입도와 신뢰도를 높일 수 있을 거라는 확신이 생겼다. 당신이 생각해도 그럴싸하지 않은가?

나는 이런 방식으로 다른 유튜버들과 다르게, 다른 유튜브 기획 PD와 다르게 나의 시간의 가치가 그룹 내에서 오르는 경험을 했다. 그리고 이 경험은 나를 또 다른 길로 이끌었다.

잠시 하던 일을 멈추고, 생각해봐라. '내 능력을 또 다른 영역에서 돈이 되게 하는 방법'에 대해서. 그리고 다른 사람들은 본인이 가진 능력으로 어떻게 더 큰 돈을 벌고 있는지 살펴봐라.

나만이 할 수 있는
경험을 쌓아라

앞의 이야기를 통해 알 수 있듯 나는 〈꽁병지〉를 통해 경제적·시간적 여유가 생겼다. 그리고 〈꽁병지〉가 구독자 40만 명이 됐을 때, 나는 다시 한번 홀로서기를 결심한다. 김병지 선수는 내가 지금까지 만나왔던 그 어떤 사람보다 뛰어난 리더였고, 따뜻한 사람이었다. 그는 끝까지 나를 잡았지만, 나는 나만의 일을 하고 싶었다.

그렇게 지난 경험을 바탕으로 공공기관과 기업의 유튜브 채널을 위탁받아 제작하기도 하고, 인플루언서들과 협업하며 사업을 키워 나갔다. 그 가운데 나에게는 명확한 기준이 하나 있었다. "유튜버가 되기보다는 유튜버들이 유튜브를 잘할 수 있도록 돕자."는 것이었다. 축구로 따지면 "축구 선수로서의 재능보다는 축구 감독으로서 경력을 쌓자."는 말과 일맥상통한다고 보면 된다.

주변 사람들은 내게 종종 왜 직접 유튜버가 되지 않느냐고 물었다. 하지만 나는 이미 크리에이터로 재능이 없다는 걸 깨달았다. 오히려 그런 끼와 재능을 가진 사람들을 돋보이게 해주는 데 능력이 발휘된다는 것을 방송국 PD로 활동하면서 알게 됐다. 그러므로 나는 직접 유튜버가 되어 수익을 창출하기보다는 강사와 컨설팅 회사 대표로서 내가 잘할 수 있는 것을 하는 게 맞다는 판단을 했다. 그렇게 맨땅에 헤딩하듯 나만의 포트폴리오를 쌓았다.

〈꽁병지〉에서 독립해 가장 먼저 한 것은 강의실을 구하는 일이었다. 내게는 개인 사무실보다 당장 일을 시작해서 인지도를 쌓을 수 있는 공간이 필요했기에. 이 계획에 따라 나는 개인 강의를 진행하는 동시에 강사들과 커뮤니티를 쌓을 수 있는 스터디룸을 인수했다. 그 후, 인스타그램과 페이스북을 통해 수강생을 모집했다. 이때 스스로에게 책임감을 부여하고, 성공할 수 있다는 자신감으로 결코 적지 않은 수강료를 책정했다.

첫 강의는 꽤 성공적이었다. 유튜브를 하고 싶었던 개인과 인스타그램에서 활동하던 인플루언서들이 적극적으로 컨설팅에 참여했고, 나는 자연스럽게 다양한 분야에 대한 배경과 사업성에 대해 눈을 뜨게 됐다.

매일 한 사람씩 정성스럽게 피드백하며, 인플루언서와 기업을 연결해주고, 전혀 다른 분야를 사업적 파트너로 만들어줬다. 그랬더니 나도 모르는 사이 새로운 인프라가 구축되고, 데이터가 쌓여갔다.

그렇게 컨설팅의 규모가 커지면서 내 강의는 MCN 회사와 유튜버 사이에서 조용히 입소문이 났다. 개인을 대상으로 한 유튜브 컨설팅 강의는 점차 개인 회사, 기업 그룹까지 고객이 다양해졌다. 그에 더해 국내 3대 MCN 회사인 트레져헌터의 유튜브 기획 강사로 시작해 세종사이버대·글로벌 사이버대·광운대 교수로 활동하게 됐고, 현대백화점, 신한은행, KB손해보험 등 국내에서 내로라하는 기업과 유튜브 코리아 본사에서도 강의하게 됐다. 심지어 퇴사한 회사에서 강의를 요청하기도 하고, 졸업했던 대학교에서도 교수로 강의를 하게 됐다. 이렇게 되기까지 약 2년이 걸렸다.

그사이에 수많은 기업 강의 및 제휴 업무를 통해 커리어를 꾸준히 쌓았더니, 내 시간당 비용은 50만 원까지 올랐다. 1시간만 움직여도 50만 원 이상의 수입이 생기는 것이다. 평일과 휴일 구분도 없이 강의를 하고, 출간을 위한 원고도 쓰면서 시간을 보내고 있지만, 원하는 만큼 일하고 돈을 버니 그전에 느꼈던 피로감은 없다. 한마디로 나는 꽤 안정적이고, 성공적으로 유튜브 세계에서 6년 넘게 살아왔다.

여기서 핵심은 나는 나만의 것을 쌓았다는 점이다. 유튜브의 가장 큰 장점은 쌓인다는 것이다. 내가 좋은 콘텐츠를 만들어 올리면, 조회 수와 구독자가 시간의 차이는 있겠지만, 점차 늘어난다. 나는 직접 유튜브 채널을 운영하진 않았지만, 나에게 컨설팅을 받아 콘텐츠가 업그레이드되고, 구독자가 늘어난 채널이 쌓이고 쌓여 나의 커리어를 만들어주었다.

당신도 쌓임의 중요성을 기억하면 좋겠다. 아무리 좋은 콘텐츠를 만들어도, 명확한 목적성을 가진다하더라도, 쌓이지 않으면 아무런 효과도, 변화도 일어나지 않는다. 유튜브가 아니어도 좋다. 무언가를 통해 인생이 '스위칭' 되는 경험을 해보고 싶다면, 당신이 해온 일을 어딘가에, 누군가 알아차릴 수 있도록 쌓아라. 만약 이 쌓임이 없고, 단기적으로 좋은 콘텐츠만 만들어내는 것에 그친다면, 그 누구도 알아봐 주지 않는다.

누구나 처음 시작할 때는 자신이 초라해 보이고 부끄러울 수 있다. 아무도 나에게 기대하지 않는 것처럼 보이기도 한다. 하지만 그 순간만 넘기면, 그때부터는 특별한 길을 정해놓지 않아도 스스로 걸어갈 수 있게 되니, 한두 번 해보고 쉽게 포기하지 말고, 인내를 갖고 무엇이든 키워나가 봐라.

돈을 벌려면
돈에 대한 인지를 바꿔라

컨설팅의 규모가 커짐에 따라 나는 컨설팅 회사를 본격적으로 운영했다. 사무실도 생기고, 직원은 늘어났지만, 개인적으로 가져가는 돈은 줄었다. 업무 시간도 배 이상으로 늘어났다. 무엇보다 직원이 늘어나면서 인력 관리에 대한 스트레스가 심했다.

부끄럽지만 나는 그제야 내 그릇의 크기를 실감했다. 개인 브랜딩으로는 어느 정도 경제적·시간적 여유를 얻었지만, 회사 시스템을 만들고 운영하는 데는 한계에 부딪혔다. 그렇게 개인과 사업이 전혀 다른 분야임을 자각했다.

하는 수 없이 기회로 가득하다고 생각해 벌인 사업들을 정리하고, 현재는 프리랜서로 활동하고 있다. 월 1,000만 원~2,000만 원의 수익을 내면서. 그로 인해 예전처럼 여유를 찾아 카페에서 원고를 쓰기도 하고, 최근에 생긴 아트 컬렉팅의 취미에 빠져 그림을 모으고, 전시회를 돌아다니기도 한다.

과거의 나는 월 1,000만 원, 월 1억 원을 벌면 엄청난 부를 누리는 거라고 믿었다. 그러나 이제는 안다. 그 정도로는 부자가 될 수 없다는 사실을. 이러한 이유로 현재 월 2,000만 원 정도 벌고 있는 나는 부자가 아니다. 그렇다고 부자가 되는 것을 포기한 것은 아니다. 그렇게 되기 위해 또 다른 도전을 하고 있으니까.

솔직히 대단히 큰돈을 버는 방법까지는 아직 잘 모르겠다. 더 정확하게 말하면, 방법은 알지만, 실행할 역량이 부족한 게 느껴진다. 그래도 이 시기가 온 것이 참 다행이다. 설명을 덧붙이자면, 최근에 읽은 장재형 작가의 『마흔에 읽는 니체』에서는 한 가지만 이야기한다. 다름 아닌 '나'에 대해서. 그리고 흐르는 시간 속에 살아가는 내가 아니라, 내가 무엇을 좋아하는지, 무엇을 하고 싶은지에 집중하라고 한다. 이에 나의 모습을 돌이켜보니, 지금까지의 나는 돈이라는 목적을 좇으며 살고 있었다. 그저 월 1,000만 원, 연봉 1억, 좋은 차, 좋은 집에 집착하는 내 모습이 보였다. 결국 내가 진짜 원하는 것이 돈인지 아니면 다른 무엇인지를 고민하게 됐다. 돈을 따라갔지만, 내 일상이 무너졌고, 행복감도 떨어졌으니. 그 과정에 돈도 수단일 뿐임을 느꼈다. 이로써 내가 어떻게 사는 것을 바라느냐가 중요함을 배웠다.

돈이 정말 많으면 무엇이 하고 싶을까? 여행, 명품 구매, 부동산 투자, 선행 등 사람마다 다를 수 있겠다. 하지만 그런 것이 자기 자신을 끝까지 행복하게 만들어줄까? 아마 행복하게 해주는 수단은 될 수 있지만, 목적이 되지는 못할 것이다.

이러한 깨달음을 얻은 나는 내가 가장 원하는 것이 시간적 자유와 시간을 사기 위한 재화임을 발견했고, 그것은 가족 그리고 친구와 보내는 시간을 늘리고자 하는 나의 목적을 뒷받침하는 이유가 됐다. 그렇다 보니 사업도 자연스레 그러한 방향으로 바뀌었다. 직원 수도, 업무시간도 최소화하면서 수익을 낼 수 있는 구조로 말이다.

누군가는 큰돈을 버는 것이 최고의 목표일 수도 있지만, 누군가는 목표를 위해 돈이 필요한 것일 수도 있다. 한쪽만이 옳다고 할 수 없는 이유는 각자 인생의 잣대가 달라서다. 그리고 그것은 때때로 바뀌기도 한다.

나의 잣대도 계속해서 변할 것이다. 때로는 돈을 추구하고, 때로는 사람을 추구하며, 그 사이에서 지금까지 그랬듯 방황하기도 할 것이다. 분명한 것은 돈을 따를 때가 오더라도 수단에 그칠 것이라는 사실이다.

돈을 벌고 싶다는 생각을 하기 전에, 유튜브를 시작하기 전에, 무엇을 위해 그것들을 하고 싶은지 자기 자신에게 물어보고, 답을 구한 다음 출발하길 바란다. 만일 그 과정을 건너뛰면, 어쩌면 나처럼 하던 것을 멈추고, 새로운 잣대를 그려나가야 할지도 모르니까.

지금까지의 이야기가 당신에게는 자랑처럼 들릴지는 모르겠지만, 유튜브 세계에 첫발을 딛고 약 6년간 쌓아온 나의 진솔한 고군분투기로 봐주면 좋겠다. 또 한 가지 욕심을 내보자면, 나의 스토리에 공감하면서 당신의 삶을 바꾸는 스위치도 발견했으면 좋겠다.

명심할 것은 콘텐츠든, 인생이든 본질을 잊지 않는 것이다. 목적을 정했다면, 다른 것은 그것을 이루기 위한 수단으로 활용해라.

유튜브 잘하고 싶다면
2가지만 기억해라

유튜브는 나에게 떼려야 뗄 수 없는 플랫폼이다. 경제적·시간적 자유를 누리는 지금의 나를 만들어준 수단이므로. 그래서 여기서부터는 유튜브 채널을 '잘' 키우는 방법에 대해 공유하려 한다.

유튜브를 하려는 목적은 아래와 같이 크게 2가지로 나뉜다.

1. 꾸준히 수익을 내고 싶다.
2. 사업 또는 브랜딩에 도움이 되는 채널을 만들고 싶다.

이렇게 굳이 목적을 언급한 것은 어디에 기준을 두느냐에 따라 유튜브를 성장시키는 방식에 차이가 있어서다.

우선 유튜브를 통해 꾸준히 수익을 내고 싶은 사람이라면, 조회 수, 광고, 상품 판매 3가지 수단을 알아야 한다. 그런데 여기서 조회 수 외에는 단기간에 성과를 내기가 쉽지 않다. 그러므로 가장 빠르게 채널을 키워 수익까지 이어질 수 있는 조회 수 수익에 대해 살펴보자. 나의 수업을 듣는 학생들에게 "아르바이트가 힘들다면, 내가 알려준 대로 유튜브를 운영해보면 조금 더 쉽게 돈을 벌 수 있을 거야."라고 할 정도로 증명된 방법이다.

조회 수로 수익을 올리려면 '주제', '업로드 주기', '평균 조회 수' 이 3가지만 기억하면 된다. 각각 따로 존재하는 게 아니라 모두 연결돼 있는데, 가장 중요한 요소를 꼽자면 주제다.

사실 많은 사람이 유튜브를 시작하기 전에 주제 선정을 가장 어려워하기도 하는데, 단순하게 생각해서 매일 올릴 수 있는 주제를 선택하면 된다. 예를 들면 가수 임영웅 소식을 다루는 〈59TV〉, 해외 축구 소식을 전하는 〈이스타TV〉, 경제 소식을 전하는 〈슈카월드〉와 같은 채널이 있다.

내가 컨설팅한 유튜버 중 가장 빠르게 성과를 낸 사람은 한 달 만에 구독자 15만 명을 만들었는데, 미국 주식 정보를 전달하는 채널이었다. 당시에는 동학개미운동이라는 이야기가 나올 만큼 사람들이 주식에 대한 관심이 높아지던 시기였는데, 신기하게도 미국 주식만을 다루는 유튜버가 없었다. 이 사실을 파악하고, 그것을 주제로 한 유튜브를 개설했더니, 상상을 초월하는 결과가 나온 것이다. 이처럼 유튜브를 키울 때는 시장의 크기와 공급과 수요를 고려해, 대중이 원하는 정보를 주되, 많이 다루지 않는 주제를 고르면, 빠르게 성장할 수 있다.

개인적으로 강의하면서 직접 채널을 만들어 보여주는 것을 좋아하는데, 미국 주식 채널 성장이라는 사례가 나옴에 따라 나는 이를 따라 해봤다. 대신 차별점을 두기 위해 국내에서 사람들이 가장 많이 구입하는 미국 주식이 무엇인지 찾아봤고, 1위가 테슬라, 2위가 애플이라는 것을 알게 됐다. 그리고 1위였던 테슬라 주식을 다루는 사람이 이미 있었기에, 나는 애플 주식과 관련된 콘텐츠를 매일 올렸다. 줌을 이용해 스크랩한 신문 기사를 읽고, 편집도 하지 않았다. 한 달 뒤 그 채널은 구독자 5,000명이 됐고, 내게 150만 원의 수익을 안겨줬다. 이건 나였으니까 가능했다고 말할 수도 있다. 그럼, 다른 예시를 보자. 이 이야기를 들은 한 수강생은 위에서 잠시 언급한 〈59TV〉채널을 벤치마킹해, 현재 구독자 10만여 명, 한 달에 수백만 원을 벌어들이고 있다.

어떤 주제를 다뤄야 할지 이제 답이 보일 것이다. 만일 마음속으로 '너무 쉬운 거 아니야?'라고 생각했을 수도 있다. 맞다. 유튜브는 생각보다 쉽다. 그러니 어렵게 시작하지 마라. 조회 수 수익을 목적으로 한다면.

다음으로 사업 또는 브랜딩에 도움이 되는 채널을 키우는 방법이다. 어찌 보면 이는 조회 수로 수익을 내는 것보다 더 쉽다. '구독자(소비자)', '구독자가 좋아하는 콘텐츠' 딱 2가지만 기억하면 되니까.

이 간단해 보이는 방법을 여러 기업에서 하지 못하는 이유는 구독자들을 고려하지 않고, 본인들이 보여주고 싶은 콘텐츠를 보여주기 때문이다. 가령, 기업 또는 제품 홍보 영상을 비롯한 자랑하고 싶은 내용만 나열하는 것이다. 대신 구독자 수와 조회 수에 연연하지 않고, 타깃이 원하는 정보를 다룸으로써 그들에게 노출된다면, 채널은 알아서 성장할 것이다. 조금 더 이해하기 쉽도록 몇몇 성공사례를 소개한다.

마포구의 한 공인중개사 대표와 컨설팅하면서 나는 딱 하나의 조언을 했다. "마포구 특정 지역 아파트를 검색하면, 무조건 대표님 채널이 나올 수 있게 세팅하세요." 그 후 그는 특정 지역의 아파트 영상만 주구장창 올렸고, 당연히 최상위 노출이 됐다. 부동산 아파트 거래도 3배 이상 늘었고 말이다.

또 내가 너무 쉽게 말하는 것 같은가? 그럼, 이번에는 개인 브랜딩 유튜브를 희망하는 사람들에게 초보 컬렉터를 위한 유튜브 채널 〈두두TV〉를 소개해본다.

나는 지난해부터 그림 모으는 취미가 생겼다. 그런데 시장이 정말 좁았다. 그림 컬렉팅하는 사람을 찾기가 쉽지 않았기 때문이다. 그래도 이런 환경에서도 영향력을 발휘할 수 있다는 걸 보여주고 싶어서 유튜브를 시작했다.

초보 컬렉터들이 원하는 이론적인 정보부터 전시 정보, 작가 소개 등을 올렸고, 6개월이 지난 현재 구독자는 6,000명을 겨우 넘겼다. 그런데 구독자 수가 중요하지 않음을 피부로 느끼는 계기가 됐다. 그도 그럴 것이 클래스101 온라인 강의 제안, 롯데 홈쇼핑과 협업으로 작품 판매, SBS·MBC 자료 화면으로 유튜브 영상 송출, 구독자 50만 유튜브 채널 콜라보 출연, 제주도미술협회 현대문화재단 컬렉터 강의 출강, 플랫폼 제작 한 달 매출 3,000만 원 달성 등의 아무도 예상하지 못한 기록을 남긴 것이다. 고작 구독자 6,000명으로 아트 컬렉팅 분야에서 TOP 3안에 드는 채널이 된 동시에, 부업으로 적당한 수익을 올리는 중이다.

유튜브 채널을 통해서 이렇게 브랜딩과 영향력을 발휘하는 건 당신이 예상하는 것보다 훨씬 쉽다. 특히 시장이 작은 분야에서 영향력을 발휘하려면, 점점 크게 퍼져나가는 파동 효과를 이용해야 한다.

부연 설명을 하자면, '콰야'라는 작가가 있다. 그는 국내에서 아트 컬렉팅을 하는 사람이라면 안다고 할 정도로 인기가 많다. 여기서부터 출발하는 것이다. '콰야 작가 전시'라는 키워드로 콘텐츠를 제작하면, 적어도 아트 컬렉팅에 관심 있는 사람이 유튜브에 검색했을 때, 영상이 최상위로 노출된다. 조회 수가 고작 200회여도 괜찮다. 조금 더 큰 키워드로 올라가면 되니까.

개인 전시가 모여 있는 전시를 '페어'라고 부르는데, 국내에도 큰 페어가 몇 개 있다. 그중 '부산아트페어'는 3대 아트페어라고 할 만큼 큰 전시다. 이 점을 활용해 부산아트페어를 키워드로 영상을 업로드하면 어떻게 될까? 조회 수가 1만 회 정도 나오는데, 적어도 그날 페어를 찾은 사람들이 그 영상을 봤을 확률이 높다.

이쯤 되니 "어느 세월에 채널을 키우느냐?"라는 소리가 들리는 듯하다. 좁은 카테고리에서 채널의 영향력을 키우는 법을 알았으니, '카테고리+대중성 있는 키워드'를 발굴하는 다음 단계로 넘어가면 된다.

당신이 아트에 관심이 없다고 해도 가수 송민호, 만화가 기안84는 알 것이다. 둘의 공통점은 작가로 활동한다는 것이다. 이렇게 대중이 알고 있는 인물과 아트를 연결해서 둘의 전시회를 다녀온 다음 영상을 공유하면, 조회 수가 10만 회, 15만 회가 되면서 구독자 수도 늘어난다.

한편 이러한 콘텐츠는 채널 활성화에는 도움이 되겠지만, 조회 수는 일시적이고, 진성 유저를 모으기 좋은 키워드는 아니다. 이에 카테고리 안에서 대중성 있는 이벤트를 활용한 팁을 주고자 한다.

지난해 '프리즈'라는 전시가 열렸다. 프리즈는 세계 3대 아트페어로 꼽히는 큰 전시회인데, 아시아 최초로 한국에서 개최한 것이다. 한마디로 아트 카테고리에서는 다시없을 호황 콘텐츠였다. 축구로 따지면, 월드컵과 견주어도 될 만큼. 이 기간에 나는 전시장에 매일 방문하면서 콘텐츠를 발행했는데, 구독자 수가 2배 이상 증가했다.

혹, 헷갈리는 분들을 위해 사업 또는 브랜딩을 위한 유튜브를 키우는 방법을 정리하자면, 아래의 총 4단계라고 할 수 있다.

1. 카테고리 내의 세부적인 콘텐츠를 제작해 발행한다.
2. 키워드를 확장한다.
3. 카테고리와 외부 대중성 있는 요소를 결합한다.
4. 카테고리 내의 대중성 있는 이벤트가 생길 경우 집중한다.

이는 내가 지금까지 유튜브 채널을 컨설팅하고, 운영해온 방식이다. 노하우라면 노하우다. 이를 보고 누군가 이 방법으로 컨설팅을 한다 해도 괜찮다. 다양한 분야에 관심을 가진 나는 익숙하게 찾을 수 있지만, 이 일을 업으로 하지 않는 사람에게는 쉽지 않을 테니까. 그럼에도 불구하고 내가 당신을 걱정하지 않는 이유는 당신이 선택한 콘텐츠 분야는 당신이 가장 잘 안다고 믿어서다.

유튜브는 결국 사람들이 보는 콘텐츠다. 그러므로 지금 이 시대를 살아가는 사람들이 어떤 요소에 관심을 두는지 항상 살펴봐야 한다. 그래서 유튜브가 어려우면서도 재미있는 것이다.

다시 말하지만 모두가 유튜브를 할 필요는 없다. 하지만 개인 브랜딩, 사업 홍보에 도움이 될 플랫폼을 선택하라면, 지금은 유튜브가 단연 0순위다. 만일 시작할 마음을 먹었다면, 잘 만들 생각하지 말고, 당장 큰돈을 벌 수 있다는 생각도 하지 말고, 본질에 집중하면서 운영해라. 분명 즐거운 일이 생길 것이다.

단 한번이라도 많이 벌어봐라

정수열

NGO 순수 청년에서
연봉 3억 원의 수입을 벌어들이는
온라인 마케팅의 귀재

NGO에서 월급 180만 원 받다가, 유학비를 벌기 위해 시작한 마케팅 사업으로 반년 만에 월 1,000만 원을 달성했다. 그 후로 카피라이팅 회사, 영양제 회사를 연쇄창업하며, 현재 3개의 회사를 운영하는 대표가 됐다. 이제는 세계를 여행하며 사업하는, 디지털 노마드를 준비하고 있다. 이 모든 활동은 경제적 자유를 넘어 시간적 자유를 이루기 위한 그만의 발자취다.

월 180만 원 받던 청년, 연봉 3억 사업가 되다

내 과거를 말하면, 다들 이렇게 비슷한 반응을 보인다. "진짜요? 정말 안 어울려요." 사업을 하며 많은 사람을 만났지만, 나와 비슷한 커리어를 쌓은 사람은 단 한 명도 보지 못했다. 그만큼 지금 하고 있는 사업과는 전혀 어울리지 않는 일을 하며 살아왔던 셈이다.

당신은 혹시 NGO에 대해 들어본 적이 있는가? 들어본 사람도 있고, 그렇지 않은 사람도 있을 것이다. NGO는 쉽게 말하면 일반 기업과 달리, 이윤을 추구하지 않는 비영리적 사업을 하는 곳이다. 나는 이곳에서 비영리 사업을 관리했으며, 특히 공공정책에 관심이 많아, 늘 '어떻게 하면 세상을 아름답게 만들 수 있을까?'를 고민하는 현장 실무자였다.

이렇게 순수한 마음으로 세상을 변화시키고자 했던 나의 열정은 현재 영리를 추구하는 데 쏟고 있다. 또 과거에 했던 일과는 거의 관련이 없는 아니, 완전히 반대되는 일을 하고 있다. 도대체 어떠한 일이 있었기에 나의 직업도, 정체성도 변하게 된 것일까?

나는 대학 졸업 후, 임용고시를 준비하는 평범한 학생이었다. 수학을 좋아했고, 가르치는 것을 즐겼던 내게 수학 교사라는 직업은 최고의 선택지였다. 넉넉하지 못한 형편에서 자랐기에, 나는 온전히 고시 공부만 할 수 있는 환경은 아니었다. 그때 나는 과외 시장에 뛰어들었고, 돈 버는 재미를 알았다.

처음에는 한 학생을 맡아서 과외를 했다. 당시 나는 과외와 학원의 가장 큰 차이가 '인성교육'이라는 생각에, 수업 시작 전 30분 인성교육을 한 다음, 1시간 30분 동안 수학을 가르쳤다. 그리고 이것이 목동 일대에서 제법 큰 센세이션을 일으켰다. 나에게 과외를 받은 아이들이 긍정적으로 변한다는 소식을 듣고, 학부모들이 서로 찾기 시작한 것이다.

일요일을 제외한 주 6일, 오후 1시부터 11시까지 쉬지 않고 과외를 했다. 1시부터 5시까지는 초등학생, 5시부터 11시까지는 중·고등학생을, 주말에는 재수생을 가르쳤다. 당연히 임용고시 공부는 제대로 하지 못했다. 시간도 부족했고, 체력이 따라주지 않았다. 배보다 배꼽이 커져 버린 꼴이었지만, 돈 버는 짜릿함도 큰 행복이었다.

그에 더해 나라는 사람의 능력과 역량을 돈으로 바꿀 수 있다는 것, 시장에서 우위를 선점하기 위해서는 남들과 다른 전략을 만들어야 한다는 것, 회사의 도움을 받지 않고 나 스스로 돈을 만들어낼 수 있다는 것을 배우기도 했다.

지금 돌이켜보니 그때 사업에 눈을 뜨지 않았나 한다. 사업은 생각보다 거창한 것이 아니니 말이다. 내가 돈을 버는 주체가 되는 것, 사람을 모으고 그들에게 물건이든 서비스든 판매하는 전 과정을 혼자서 경험해보는 것, 그것이 사업인 것이다.

고백하자면 나는 과외를 하면서, 나이에 맞지 않은 제법 큰돈을 만졌다. 그리고 한 해가 끝날 무렵 남는 돈이 없을 만큼 몸에 맞지 않는 소비도 많이 했다. 그러나 후회하지는 않는다. 그 과정에서 돈을 잘 쓰는 방법도 터득했으니까. 어찌 보면 첫 경제 활동을 회사에서 경험하지 않은 것이 내 인생의 큰 행운으로 작용한 것일 수도 있다.

이번에는 정체성이 바뀐 사건에 대해 이야기해볼까 한다. 처음은 필리핀의 시골 마을에서 1년간 수학 교사로 봉사할 때였다. 당시 내가 머물렀던 안티폴로는 판잣집이 모여 있는 빈민촌이었다. 나는 그때 아이들과 대화하면서 뇌를 흔드는 충격을 받았다. 상황은 이랬다. "얘들아, 너희의 꿈은 뭐니?"라는 나의 물음에 아이들은 대부분 가드(빌딩 입구를 지키고 있는 사람) 혹은 트라이시클 기사(오토바이를 개조한 이동 수단의 기사)라고 대답했다. 필리핀에도 좋은 직업이 많고,

노력만 한다면 얼마든지 신분 상승을 노려볼 수도 있는 곳이다. 그러나 이들이 보고 배운 것이 이것밖에 없었으니, 그들의 꿈꿀 수 있는 상한선이 되고 만 것이다.

나는 아이들이 너무 가여웠다. 현재의 가난 때문이 아니라, 꿈조차 제대로 꿀 수 없다는 현실이 너무 불쌍했다. 슬프게도 아마 이들의 삶은 그들의 목표인 가드와 기사에서 크게 벗어나지 않을 것이다.

나는 그때 처음으로 거버넌스, 공공정책에 관심을 갖기 시작했고, 단순히 돈을 버는 것보다 세상을 변화시킬 수 있는 일이 하고 싶어졌다. 그로 인해 더욱 고민이 깊어질 수밖에 없었다. 단순히 수학 교사로 사는 것보다, 세상의 여러 문제를 해결하는 것이 더욱 필요해 보였기에.

한국에 돌아온 나는 NGO에 입사했다. 남들이 보기에는 아주 무모해 보였을지는 모르지만, 과감한 결단이었다. 부모님과 주변 사람들이 중등 수학 교원자격증이 아깝지 않느냐고 했지만, 나는 전혀 아깝지 않았다. 언젠가는 쓸모 있을 것이라는 생각도 하긴 했지만, 그보다 자격증 하나에 붙잡혀 살고 싶지는 않았다.

NGO에서의 일상은 재미있었다. 무엇보다 세상에 꼭 필요한 일을 한다는 자부심이 컸다. 또한 함께 일하는 직장 상사, 팀원들이 너무 좋았다. 그러나 나를 힘들게 하는 것이 있었으니 바로 월급이었다. 내가 예상했던 것보다 훨씬 적었다. NGO의 특성상 많이 받을 수 없는 것을 알고 있었지만, 내 생활을 겨우겨우 유지할 수준밖에 되지 않았다. 게다가 과외로 제법 큰돈을 만져본 후라 그 차이가 더 크게 다가왔다. 그럼에도 열심히 일했다. 좋은 날이 올 것이라는 믿음으로.

그러던 어느 날, 커리어에 대한 고민이 많았던 나는 NGO 분야에서 가장 잘나가는 사람들을 분석해보기 시작했다. 그런데 모두 미국의 석·박사 학위를 가진 것을 발견하고, 유학을 가기로 결심했다. 내 가치에 부합하는 일을 하면서도, 경제적 자유를 얻으려면 반드시 필요한 과정 같았다.

그때까지만 해도 나는 유학은 열심히 공부할 의지만 있으면 될 줄 알았다. 그런데 이게 웬걸! 유학을 하기 위해서는 1년에 1억 정도의 비용이 필요했다. 게다가 내가 가고자 하는 분야는 장학금도, 그 흔한 조교 자리도 없었다. 절망하지 않을 수 없었다. '돈이 없으면 하고 싶은 일도 못 하는구나.', '돈이 없으면 하고 싶은 공부조차 할 수 없구나.'를 뼈저리게 느끼면서 자본주의가 처음으로 미워진 순간이었다.

그러나 낙심만 하고 있을 수는 없었다. 나는 최소 1년 이내에 학비를 벌기로 하고, 내가 할 수 있는 대로 정보들을 리서치했다. 도서관에서 책을 탐닉한 끝에 젊은 부자들이 사업 혹은 투자로 돈을 벌었다는 사실을 알게 됐다. 이에 나는 사업을 해봐야겠다는 계획을 세운다.

가장 먼저 한 일은 퇴근 후 그리고 주말을 이용해 시중의 사업을 분석하는 것이었다. 그리고 그중에 나도 해볼 수 있을 것 같은 사업 리스트를 정리했다. 현실을 따져봤을 때, 회사에 다니면서 할 수 있는 온라인 사업이어야 했다. 그리하여 나는 '네이버 카페 마케팅'을 첫 사업으로 선정했다. 회사의 브랜드 카페를 만들어주고, 관리해주는 서비스였다. 마케팅이라는 사업을 고른 이유는 간단했다. 고수들의 책에서 모두 이렇게 이야기하고 있어서였다. "좋아하는 것으로 사업하지 말고, 시장에서 반응하는 것으로 사업을 해라."

마케팅 사업은 내가 보기에 시장성이 검증된 사업이었다. 업체에서 내게 100만 원을 주었을 때, 내가 업체에 1,000만 원을 벌어다 줄 수 있다면, 그 회사는 내게 마케팅을 맡기지 않을 이유가 없었고, 나는 방대한 독서량을 통해 소비자들의 심리를 잘 파악할 수 있다는 자신감이 있었다. 그렇게 유학이 쏘아올린 작은 공이 내게 첫 번째 사업 무대를 만들어주었다.

막상 해보니 생각보다 재미있고, 잘됐다. 낮에는 직장인으로, 밤에는 사업가로 이중생활 하는 가운데 월 100만 원, 300만 원 그리고 800만 원까지, 단 6개월 만에 기대 이상의 성과를 냈다. 이렇게 나는 제법 돈을 벌었지만, 건강에는 적신호가 나타났다. 갑자기 귀가 먹먹해지며, 소리가 났다. 알아보니 '이명'이라는 증세였다. 나는 곧바로 병원에 가서 진료를 받았는데, 그때 의사가 이렇게 이야기했다. "약을 먹는 것은 기본이고, 일을 줄이고, 스트레스를 관리해야 합니다."

나는 충격을 받았다. '아무리 많은 돈을 벌어도, 또 그 돈으로 유학까지 가면 무슨 소용인가?' 하고 말이다. 건강을 잃어버리면 모두 끝이다 싶었던 나는 생애 처음으로 무엇을 하든 건강부터 챙기자는 신조가 생겼다. 일일이 나열하자면 너무 긴 스토리지만, 이후에 코로나로 인해 유학길이 막혔고, 여러 가지 이유로 4년간 일했던 정든 회사에서도 나왔다.

여기까지 스토리를 들었다면, 사업을 그만둔 이야기를 기대하고 있을지도 모른다. 하지만 틀렸다. 나는 이때부터 진짜 사업을 시작했다. 그렇다고 해서 이전까지 했던 사업이 가짜라는 뜻은 아니다. 나는 건강을 잃어버리는 과정을 통해 '자동화', '위임'의 개념에 대해 눈을 떴다.

예전에 그런 이야기를 들은 적이 있다. 내가 모두 일해야 하면 그것은 자영업이고, 내가 부분적으로 개입해도 된다면 사업이라고. 나는 고용과 위임, 레버리지, 협업 등 다양한 경영방법론을 접목하여 내가 일하는 시간을 줄여나갔다. 그리고는 내가 가장 잘할 수 있는 분야에 시간을 투입했다. 내가 할 수는 있지만, 남도 할 수 있는 부분은 직원을 고용해 위임을 하거나, 외주를 맡겨 내 시간을 아끼기 시작했다. 진짜 사업이 시작된 것이다.

어느덧 퇴사 후 2년의 세월이 흘러, 병원 마케팅 회사, 카피라이팅 회사, 영양제 회사, 이렇게 3개의 온라인 기업을 운영하고 있다. 그리고 나는 일주일에 3일만 일하고, 나머지는 인스타그램과 유튜브 콘텐츠를 만들거나, 쉬면서 독서하는 데 시간을 투자하고 있다. 연봉으로 치자면 3억 정도 받고 있고, 앞으로도 계속 오를 예정이다. 또한 세계를 여행하며, 디지털 노마드로 사는 삶을 준비 중이다. 나는 세계를 여행하면서도 월 1,000만 원 이상 벌 수 있는 자신이 있다. 왜냐하면 돈 버는 비밀을 알고 있으니까.

어떻게 3개의 회사를 운영하며, 연봉 3억을 받으면서도, 주 3일만 일할 수 있는지 궁금한 사람이 많을 것이다. 비밀은 레버리지에 있다. 건강을 잃으면서 배웠던 레버리지의 비밀과 무자본으로 창업할 수 있는 온라인 사업의 비밀을 나머지 지면을 통해 자세히 공유하려 한다.

작은 차별화부터 장착해라

앞에서 밝혔듯이, 나는 첫 번째 사업으로 브랜드 카페 대행 서비스를 했다. 그 당시에는 많은 기업이 브랜드 카페를 통해 팬을 모으고, 그들에게 서비스를 제공하는 것으로 제법 쏠쏠하게 재미를 보던 시절이었다. 만약에 식기를 만드는 기업이 있다면, 식기, 주방용품 등에 관심 있는 30~40대의 여성을 회원으로 모으고, 이들에게 상품을 판매하는 식이다.

내가 이 서비스를 생각하게 된 계기는, 생각보다 많은 기업이 어떻게 마케팅해야 하는지 모르고 있어서였다. 마케팅 담당 직원이 있지만, 원론적인 접근 방식으로 진행하는 경우가 많았고, 직원들이 실무를 모르니 나의 서비스를 필요로 하는 대표도 많았다.

이에 사업을 시작한 초반에는 카페 마케팅에 관한 강연도 많이 하고, 온라인 강의도 촬영했다. 나는 교육학 전공자로서 강의하는 것에 재미를 느끼곤 했는데, '사업하는 사람은 무엇이든지 배우고, 공부해놓으면 언젠가 사용할 때가 오는구나.'를 깨달았다. 내가 전 공을 사용할 곳이 없을 거라고 생각했는데, 적재적소에 활용한 것이다.

더불어 나는 독서의 범위를 확장하기 위해 노력했다. 단순히 사업과 관련된 책, 마케팅과 관련된 실용서만 읽는 게 아니라, 과학, 심리학, 인문학 등 다양한 분야를 읽으려고 노력했다. 교육학과 마찬가지로 배워놓으면 언젠가는 사용할 때가 생기고, 나의 사업에 차별화를 줄 수 있다는 확신에 한 실천이다. 지금 생각해보니 이때 공부한 것들이 나의 성장에 큰 도움을 주었다.

나는 브랜드 카페 서비스를 약 1년 반 정도 운영하고, 브랜드 블로그로 업종을 변경했다. 이유는 간단했다. 계속해서 시장을 지켜보고 있었던 나는 여러 업종에서 마케팅 수단으로 블로그를 선택한다는 것을 빠르게 알아챘다. 예를 들어 이전에는 블로그가 체험단, 후기 등에 포커스가 맞춰져 있었다면, 이제는 브랜드 블로그라는 시장이 개척되는 것이 눈에 보였다. 블로거들에게 체험단을 부탁하는 것을 넘어, 본인의 플랫폼으로서 블로그를 활용하기 시작한 것이다. 나는 이 시장이 앞으로도 더욱 성장할 것이라 믿고, 업종을 과감하게 브랜드 카페에서 브랜드 블로그 대행 서비스로 바꾸었다.

업종을 변경하는 것을 업계에서는 '피봇팅(pivoting)'이라고 한다. 일반적으로 이것을 어려워하는 이유는 현재 아이템에 미련이 남아 있고, 해당 사업을 운영하며 얻은 노하우로 지금 아이템에 대해 전문가가 됐다는 본인의 생각 때문이다. 하지만 사업가라면 때로는 업종을 과감하게 전환할 수 있어야 하며, 끊임없이 시장을 분석해 변화에 맞추어 알맞게 대응해야 한다.

간혹 업계의 구루 중에서 이렇게 이야기하는 사람들이 있다. "당신이 좋아하는 일을 해라." 정말 멋있는 말이다. 그러나 사업은 철저하게 수요자 중심의 시장이다. 내가 아무리 잘하고, 좋아해도, 시장에서 반응하지 않고, 사업성이 검증되지 않는다면, 그 사업은 지속할 수 없다. 여기에 "저는 잘하는 일을 해서 성공했는데요?"라고 말한다면, 그것은 작은 사례에 불과하다. 당신이 좋아하는 일이 알고 보니 시장성이 있는 일이었을 가능성이 높으니까.

그렇게 브랜드 블로그 대행 서비스를 시작하고, 비용적인 부분으로 인해 고민이 생겼다. 사실 브랜드 카페 대행 서비스는 제법 큰 비용을 받고 진행했었다. 그러나 이제 막 개척되기 시작한 브랜드 블로그 대행 서비스는 단가가 저렴한 편이었다. 인건비를 비롯한 여러 요소를 고려했을 때, 대표로서 걱정하지 않을 수 없었다.

그때 이러한 생각을 했다. '만약 돈을 충분히 지불할 수 있는 사람의 마케팅을 해준다면 어떨까?' 소상공인, 작은 기업은 마케팅비를 지불할 수 있는 한도가 적지만, 전문직이라면 객단가가 높아서 더 많은 마케팅비를 지불할 수 있으리라 판단한 데서 나온 아이디어다. 나는 그중에서도 내게는 비교적 친숙한 '병·의원 블로그 마케팅'에 접근했다. 친숙하다고 한 데는 별거 없다. 나는 법원이나 법무법인에 가본 적은 없지만, 병원에 가본 적은 많았다는 게 이유다.

또한 기존의 병·의원 마케팅 업체들의 관리 방식이 마음에 들지 않았다. 대량 살포, 복붙, 침투 마케팅, 가짜 후기글 등이 난무하는 것을 보며 '나라면 저렇게 하지 않을 텐데.', '저렇게 하면 장기적으로 봤을 때 병원 이미지에 좋지 않을 텐데.' 싶었다.

직접 병원장들을 만나 봐도, 위와 같은 애로 사항을 토로했다. 가령, 포스팅을 보고 방문한 환자들이 병원 또는 원장의 이미지와 맞지 않아 상담에서 그치는 경우가 많다고 했다. 한마디로 신규 고객 유치가 되지 않는다는 것이었다. 나는 이러한 문제점과 시장성을 면밀히 검토해 병원 마케팅 시장에 진입했고, 지금은 초기 매출 예상 이상의 성과를 내고 있다.

그렇다면 나는 어떻게 마케팅 업계에서 차별화 할 수 있었을까? 이를 설명하기 위해 먼저 마케팅 업계의 특성에 대해 이야기해보고자 한다.

마케팅 대행 서비스를 운영하는 사람이라면 공감할 텐데, 업체

수는 곧 매출과 직결되므로, 때로는 감당할 수 없을 만큼 업체를 받기도 한다. 병원 마케팅이라고 해서 다를 바 없다. 그로 인해 앞서 언급한 내 눈에 그다지 좋아 보이지 않는 스타일의 마케팅이 넘쳐났다. 그리고 나는 오히려 이러한 분위기가 내게는 기회로 보였다.

나는 '소수의 병원만 관리한다.', '템플릿형 포스팅이 아닌 카피라이터가 직접 작성한다.'는 차별점을 내세워 마케팅을 진행했다. 그러면서 다른 병원 마케팅 업체보다 가격을 1.5배 높게 책정했다. 결과는 성공적이었다. 이미 많은 병원장은 공장형 포스팅에 지쳐있었고, 병원의 브랜드 이미지를 염두에 둔 병원장들이 적극적으로 나를 찾은 것이다. 이를 통해 나는 일종의 포지셔닝과 차별화의 원리에 대해 깨달았다. 그리고 이미 포화 상태인 시장에서 사업하는 방법에 대해서도 배웠다.

혹시 '퍼플오션'이라는 개념을 들어본 적이 있는가? 퍼플오션은 블루오션과 레드오션이 겹치는 부분을 이야기한다. 여전히 사람들은 블루오션을 찾는다. 그러나 블루오션을 찾는 것은 현 시대와 맞지 않다는 게 내 생각이다. 가장 혁신적인 아이디어로 사업하는 곳을 찾으라면 당연히 스타트업일 텐데, 그쪽 업계에서도 퍼플오션을 찾으려고 하지, 블루오션을 찾으려고 하지 않는다. 내가 매주 받아보는 'Start up Weekly'라는 메일 서비스에서도 이러한 현상을 읽어낼 수 있다. 여기에는 스타트업들이 어떠한 아이디어로 펀딩을 받는지, 서비스를 개시했는지 한눈에 확인할 수 있는데, 이를 분석해보면 블루오션은 거의 없고, 대부분 퍼플오션이다.

이로써 나 또한 온라인 사업을 만들어낼 때 블루오션을 찾기보다는 퍼플오션을 찾으라고 한다. 퍼플오션을 만드는 방법은 생각보다 간단한데, 먼저 레드오션인 시장을 찾는다. 시장이 레드오션이라는 말은 포화 상태라는 말도 되지만, 다르게 보면 '시장성이 검증된 너도나도 몰리는 시장'이라고 볼 수 있다. 그렇게 찾은 레드오션에 +a를 한다. +a는 차별화된 점으로 만들어낼 수도 있고, 시장의 범위를 좁혀서 새로운 포지셔닝으로 만들 수도 있다.

나의 경우는 브랜드 블로그 대행 서비스에서 시장의 범위를 병원으로 좁히고, 소수의 병원 관리, 카피라이터가 작성한다는 차별화된 점을 내세워서 퍼플오션에 진입한 케이스다. 만일 사업을 생각한다면, 퍼플오션에 대해 고민해보는 것을 추천한다. 다시 한번 강조한다. 블루오션이 아니라 퍼플오션이다.

이처럼 본인만의 차별화된 점이 있다면 사업을 잘 이어갈 수 있을 뿐만 아니라, 입소문이 나게 된다. 왜냐하면 단 하나라도 다르니 주변 지인에게 이야기할 수밖에 없다. 나의 독특한 서비스를 통해 병원에 새로운 환자들이 많이 방문했다면, 주변 지인 원장들에게 이야기하지 않겠는가? "이번에 내가 의뢰한 마케팅 서비스가 있는데, 카피라이터가 글을 쓴대."라고 말이다.

현재 병원 마케팅 회사는 서비스를 전혀 홍보하고 있지 않다. 웹사이트도 비중 있게 운영하지 않는다. 그럼에도 불구하고 계속 문의가 이어진다. 그래서 "제가 홍보도 안 하고 있는데 어떻게 찾아오셨어요?"라고 물어본다. 그러면 십중팔구 이렇게 이야기한다. "아는 원장님에게 소개 받았어요."라고.

여기까지 읽으며 이런 생각이 들었을 것이다. '생각보다 특별한 것이 없네?' 정확하게 봤다. 나는 그렇게 대단한 사람도 아니고, 특별한 능력을 갖춘 사람도 아니다. 단순히 시장을 열심히 분석했고, 차별화하기 위해 어떻게 할지를 남들보다 조금 더 고민했을 뿐이다. 특정한 대학과 학과를 나와야 할 수 있는 분야도 아니며, 누구나 실행력만 있다면 서비스를 만들어 사업화할 수 있다.

나는 주변에 사업하는 사람 한 명 없는 환경에서 자라왔으며, 대학도 이와 관련 없는 학과를 졸업했다. 그저 수학 교사가 되는 것을 목표로 살았으며, 해본 것이라고는 NGO 단체에서 몇 년 일했을 뿐이다. 위험을 즐기는 타입도 아니며, 오히려 안정적인 것을 인생의 최대 가치라고 여기며 살아왔다. IQ도 평범하며, 주변에서 똑똑하다는 이야기를 많이 들어보지도 못했다. 그런 나도 했고, 성공시켰다.

나는 종종 이렇게 말한다. "내가 사업으로 쉽게 성공한 원인은 대부분의 사람이 사업이 어렵다고 생각하기 때문이다." 맞다. 실제 사업을 하는 난이도가 10이라고 한다면, 대다수가 100 정도로 보는 듯하다. 그래서 실행하는 사람이 잘될 수밖에 없는 구조다. 실행해보면 알겠지만, 그렇게 어렵지 않게 목적을 달성할 수 있다. 나와 다른 사람의 차이점은 실행했는가? 실행하지 않았는가? 그뿐인 듯하다. 다음 내용으로 넘어가기 전에 이 말을 남기고 싶다.

"HE can do, She can do, Why not me?"

연쇄창업에
고소득의 답이 있다

3년 전, 월 180만 원 받는 직장인에 불과했던 나는 현재 연봉 3억의 사업가다. 통계청에서 발표한 대한민국 상위 1%의 소득이 연봉 2억인 것을 보니, 어느덧 소득으로 상위 1% 이상이 됐다. 소위 말하는 '경제적 자유'를 얻게 된 것이다.

어떻게 나는 30대 초반에 연봉 3억의 사업가가 될 수 있었을까? 그것도 단 3년 만에 이러한 성과를 만들어낼 수 있었을까? 나는 '연쇄창업'에 해답이 있다고 확신한다. 만약 내가 1개의 사업체만 운영했다면, 이러한 경제적 자유를 절대 얻어낼 수 없었을 테니 말이다.

앞에서 밝혔듯 나는 총 3개의 회사를 운영하고 있다. 그뿐만 아니라, 2개의 온라인 강의를 런칭했으며, 그 외에도 사업을 돕는 컨설팅도 겸하고 있다. 이렇게 여러 회사를 운영하고, 다양한 일을 하니 많은 사람이 궁금해한다. 1개의 사업을 운영하는 것도 쉽지 않을 텐데, 어떻게 여러 회사를 운영할 수 있느냐고. 그러면 나는 이렇게 대답한다. "오히려 1개의 사업을 크게 키우는 것보다 중소형 규모의 사업을 연쇄창업하는 게 쉽습니다."라고. 아직은 무슨 말인지 아리송할 것이다. 왜 사업을 여러 개 운영하는 것이 고소득에 유리한지 차근차근 설명해보겠다.

서두에 언급했지만, 나는 마케팅 회사로 본격적인 사업을 시작했다. 그리고 월 500만 원까지는 제법 수월하게 성장할 수 있었다. 반면, 월 1,000만 원의 고지를 넘는 것은 쉽지 않았다. 월 500만 원까지 버는 데 10의 에너지를 사용했다면, 월 1,000만 원을 만들기 위해 30 이상의 에너지를 쓴 듯하다.

나는 이것을 '사업 에너지 이론'이라고 명하기로 했다. 즉, 한 사업체에서 소득을 많이 올리려고 할수록 에너지가 기하급수적으로 늘어나는 현상이 발생한다. 위에서 설명했듯, 월 1,000만 원을 만들기 위해 30의 에너지를 사용했는데, 월 500만 원 만드는 데는 10의 에너지밖에 들지 않은 것처럼. 이 이론에 의하면, 월 1,000만 원의 수익을 내는 사업체 1개를 만드는 것보다, 월 500만 원을 버는 사업체를 3개 만드는 것이 이득인 셈이다. 동일한 에너지를 사용하고, 더 많은 매출을 만들 수 있으니까.

이러한 현상이 발생하는 데 다양한 이유가 있을 수 있는데, 월 1,000만 원을 돌파하기 위해서는 직원 고용이 필요하다는 것, 업무를 감당할 수 있는 역량의 한계가 존재한다는 점 등이 있다. 아마 사업을 해본 사람이라면 대부분 이 내용에 공감할 것이다.

나는 이러한 부분을 빠르게 인지하고, 각각 10의 에너지를 투입하여 3개의 회사를 만들었고, 결과는 기대 이상이었다. 넘을 수 없을 것 같았던 월 1,000만 원의 고지를 넘었을 뿐만 아니라, 월 1,500만 원도 넘어설 수 있었다.

나는 이러한 연쇄창업을 리스크 배분의 관점에서도 추천하고 있다. 사업을 하다 보면 우리가 통제할 수 없는 외부의 위협이 늘 존재한다. 업계 자체가 어려움을 겪을 수도 있고, 동종 업계 종사자의 견제를 받을 수도 있다. 주력으로 밀던 마케팅 채널의 광고 계정이 정지되기만 해도, 사업 매출에 영향을 받을 수밖에 없다. 계란을 한 바구니에 담지 말라는 명언이 사업 영역에서도 통하는 것이다.

만약 여러 회사를 운영해 리스크를 배분하게 되면, 다양한 위험 요소에서 소득 수준을 지켜낼 수 있다. 한 사업이 막혔을 때, 이를 복구하는 동안 다른 사업을 통해 수익을 만들어낼 수 있으니까. 내가 과거로 돌아간다고 하더라도, 나는 여전히 연쇄창업을 할 것이다. 이 방법이 가장 리스크를 잘 관리하는 방법이라는 것을 알고 있어서다.

한편 연쇄창업을 완전히 다른 분야로 하게 되면, 더 많은 에너지가 소모될 수도 있다. 이왕이면 시너지 효과를 낼 수 있는 분야로 연쇄창업을 하는 것이 에너지 소모 관점에서 가장 유리하다.

내 경우만 봐도 그렇다. 나는 마케팅 회사를 운영하다 보니, 마케팅에서 이야기하는 '전환', '구매'와 같은 행동이 잘 쓰인 카피를 통해 이루어지는 것을 발견하고, 카피라이팅 회사를 창업했다. 또한 다른 사람들의 상세페이지 카피를 작성하다 보니, 남의 물건만 팔아주는 게 아쉬워 '제조만 할 수 있다면 판매는 내가 전문가이지 않나?' 하는 생각으로 영양제를 직접 만들게 됐다. 서로 시너지를 낼 수 있는 분야로 창업한 것이다.

여기에 이러한 질문이 생길 수도 있다. "완전히 다른 분야로 연쇄창업하는 것은 추천하지 않나요?" 그렇다면 나는 이렇게 대답하고 싶다. "그것도 나쁘지 않다고 생각합니다." 위에서는 에너지 소모니 뭐니 하면서 추천하지 않는 것처럼 이야기하더니 이게 무슨 말일까? 조금 더 내 이야기를 들어보길 바란다.

사업을 해본 사람들은 다 알고 있을 것이다. 완전히 다른 분야의 사업이라고 하더라도, 그 사업을 운영하는 기본적인 능력과 스킬은 거의 비슷하다는 것을. 예를 들면 글쓰기 능력, 웹사이트 제작 능력, 세일즈 능력, 마케팅 능력, 협상 능력, 말하기 능력, 정보 수집 능력 등. 이러한 스킬은 대부분의 비즈니스를 관통하는 능력이다.

첫 번째 사업을 성공적으로 런칭하고, 월 500만 원 정도의 수익을 만들어냈다면, 우리는 이 과정에서 이러한 능력을 어느 정도 사용할 수 있게 된다. 그런데 이 능력을 더욱 개발하여 월 1,000만 원으로 가는 에너지보다, 다른 비즈니스에 적용하여 월 500만 원을 추가로 만드는 것이 에너지가 덜 든다. 아마 2~3개의 사업체를 운영하는 사람은 내가 무슨 말을 하는지 정확하게 이해할 것이다.

연거푸 말하지만 나는 3개의 회사, 그리고 강의와 컨설팅 등 다양한 일을 하며 경제적 자유를 얻었다. 그럼 여기에서 나의 목표는 무엇일 것 같은가? 더 많은 돈 벌기? 솔직히 더 많은 돈을 벌고 싶은 욕심은 없다. 내가 최근에 관심을 갖고 작업 중인 부분은 다름 아닌 자동화와 위임이다. 경제적 자유를 얻었으니, 그다음 목표인 시간적 자유를 얻기 위해 고군분투하고 있다.

내가 읽은 수많은 책 속의 진짜 부자도 자신이 일하지 않아도 자동으로 굴러가는 사업을 가지고 있고, 돈보다 시간을 값어치 있게 사용하고 있었다. 사실 돈보다 귀한 것은 다름 아닌 시간인 것이다.

병원 마케팅 일을 하면, 강남에서 미팅을 많이 하게 된다. 왜냐하면 마케팅을 하는 병원이 그곳에 몰려 있으니까. 이에 나는 자동차를 소유하고 있지만, 강남에서 이동할 때는 보통 택시를 이용한다. 이유는 다들 예측했겠지만, 이동시간을 잘 활용하기 위함이다.

택시를 타고 이동하며, 틈틈이 책도 보고, 다음 미팅에 사용할 자료를 검토한다. SNS에 올릴 콘텐츠를 생각하는 시간을 갖기도 한다. 나에게 택시 뒷좌석은 그야말로 업무 공간이다. 그리고 이러한 깨우침을 얻기도 했다. '아, 이래서 부자들은 기사를 고용하는구나.' 이동하는 시간에 만들어낼 수 있는 부가가치가 기사를 고용할 수 있는 금액을 상회하는 순간, 나도 기사를 고용하겠다고 다짐했던 순간이었다.

나는 현재 일주일에 3일 일하고 있다. 나는 이를 1~2일까지 줄여볼 생각이다. 나만 할 수 있거나, 내가 가장 잘하는 것만을 내가 하고, 나머지는 직원에게 위임하거나 외주를 주는 방향으로 내 시간을 만들 것이다. 소득이 줄어도 상관없다. 내 시간을 지킬 수 있다면, 소득이 줄어드는 리스크를 감수하더라도 이 일을 실행할 것이다. 왜냐하면 돈보다 시간이 값어치 있으니까.

경제적 · 시간적 자유 그 끝에는 디지털 노마드가 있다고 생각한다. 대부분의 업무를 자동화하고, 자동화할 수 없는 업무를 위임하고, 위임할 수 없는 업무만 감당하는 것. 내가 하는 의사 결정을 베이스로 나머지는 회사가 스스로 일할 수 있도록 만드는 것 말이다.

누구나 해변이 보이는 바닷가에서 노트북 하나로 일하는 것을 꿈꾸지 않는가? 그런데 자동화, 위임이 되지 않은 디지털 노마드의 삶은 아마 피폐할 것이다. 일상과 업무가 구분되지 않기 때문이다. 하지만 내가 꿈꾸는 진정한 의미의 디지털 노마드의 삶은 시간에서도 자유로운 디지털 노마드이다.

나는 단순히 꿈꾸는 것이 아니라 실제로 준비하고 있다. 그 여정의 시작은 2023년 3월이다. 그때부터 전 세계를 여행하며, 자유롭게 살 것이다. 국내의 사업체를 조금은 축소해야겠지만, 어느 정도 유지하면서 조금씩 실험해볼 것이다. 그리고 유튜브를 통해 디지털 노마드를 준비하는 과정과 디지털 노마드로 사는 삶을 자세히 보여줄 예정이다.

처음부터 이렇게 원대한 꿈을 꾸었던 것은 아니다. 그저 유학비를 벌기 위해 시작된 작은 날갯짓이 현재의 나를 만들었고, 그때 결정했다는 한 가지 사실과 실행한 한 가지 행동이 나를 여기로 이끌었다.

이 책을 읽고 있는 당신 삶의 목적은 무엇인가? 그 목적이 무엇이든 진심으로 응원한다. 그리고 그 목적을 이루기 위해 당신은 무엇을 하고 있는가? 내가 이룬 성과는 작은 실행에서 시작됐음을 인지하길 바란다. 그러니 당신도 작은 행동부터 시작하는 것을 추천한다. 그것이 훗날 당신이 상상하지도 못했던 근사한 목적지로 데리고 가줄 것이다.

가능하면
천천히 성공하라

온라인 사업을 통해 돈을 버는 것, 혹은 나와 같이 대행 서비스로 사업체를 운영하는 것이 조금은 막연하게 느껴질 것이다. 왜냐하면 그 길을 한번도 가보지 못했기 때문이다.

나는 쉴 때 웹툰이나 웹소설을 즐겨보는 편인데, 요즘 '회귀'를 주제로 하는 작품이 많다. 대략 스토리는 지금의 기억을 가진 채 과거로 돌아가 인생을 클리어한다는 내용이다. 한번 살아봤으니 같은 인생을 다시 살기가 쉬워지는 것이다. 그러한 의미에서 나도 가끔은 '회귀하면 어떨까?' 하는 상상을 해본다. 그러고는 이렇게 매듭짓는다. '온라인 사업이 정말 쉬워질 것 같다.' 그 길을 한번 걸어와 봤기에 다시 가는 것이 쉬울 수밖에 없을 테니까.

같은 선상에서 무일푼으로 돌아가게 된다고 하더라도, 금방 월 1,000만 원 혹은 경제적 자유를 얻을 것이라는 자신감이 있다. 방법을 다 알고 있으므로. 그러나 가장 큰 이유는 단순히 방법을 알고 있어서가 아니다. 이 길의 난이도가 생각보다 어렵지 않다는 사실을 알고 있는 덕분이다.

나는 사람들에게 온라인 사업에 대해 이야기하며 가장 처음 이 말을 한다. "아마 여러분은 사업이 엄청 어렵다거나, 큰 고난이라거나, 사업을 성공시킨 사람은 정말 대단한 사람일 것이라는 생각을 하고 있을 가능성이 높습니다. 그리고 이러한 생각은 여러분이 쉽게 사업을 하지 못하게 만듭니다. 이 생각을 깨는 것이 첫 번째입니다."

생각보다 온라인으로 사업하는 것, 나처럼 대행사를 운영하는 것은 어렵지 않다. 그러나 많은 사람이 어렵다고 생각해서, 나와 같이 무작정 실행해보는 사람들이 성공하기 너무 쉬운 세상이다.

미국 작가인 지그 지글러가 이런 말을 했다. "행동하는 2%가 행동하지 않는 98%를 지배한다." 개인적으로 이 말을 매우 좋아한다. 아니, 좋아할 수밖에 없다. 무엇인가를 실행하는 것만으로 상위 2%가 될 수 있다고 하니 말이다. 게다가 나머지 98%를 지배할 수 있단다. 실행하는 것을 좋아하는 내게는 정말 달콤한 말이 아닐 수 없다.

정확한 통계자료는 알 수 없지만, 어느 책에서 이러한 메시지를 접한 적이 있다. "어떠한 이야기를 듣고 100명 중 약 10명이 실행한다. 그리고 그 10명 중, 3개월 이상 지속하는 사람은 약 3명에 불과하다." 이 말을 뒤집어보면, 어떤 일을 3개월 이상 실행할 수 있는 사람은 상위 3%에 속하는 사람이다. 나는 이 말을 진심으로 믿는다. 실제로 사람들과 챌린지를 하기도 하고, 어떠한 공통과제를 두고 실행을 하기도 하는데, 생각보다 3개월 이상 무엇인가를 지속하는 사람은 찾기 어렵다. 안 하던 일을 갑자기 시작하고, 이를 3개월 이상 지속할 수 있는 사람은 그 자체로 정말 대단한 사람인 것이다.

3개월 이상 지속한다는 것은 어쩌면 그 일을 영원히 지속할 수 있다는 뜻이다. 사람마다 편차가 있겠지만, 어느 일을 3개월 지속했다면, 습관이 됐을 가능성이 높으니까. 런던 대학의 제인 워들 교수는 실험을 통해 보통 사람들이 평균 66일이 지나면, 생각이나 의지 없이 반사적으로 행동하는 것이 가능하다고도 했다. 그러므로 상위 3%가 되고 싶다면, 일단 무엇이든 시작해라. 그리고 3개월 이상 지속해라. 그렇다면 당신은 상위 3%의 능력을 가진 사람이 될 수 있고, 결국에는 잘될 수밖에 없다.

나는 사람들이 사업을 쉽게 성공하지 못하는 이유는 '조급함' 때문이라고 생각한다. 나에게도 "제가 급해서요. 1개월 안에 고정수익 100만 원 만들기 가능할까요?", "3개월 안에 월 1,000만 원 만들 수 있을까요?"와 같은 질문을 하는 사람들이 있는데, 나의 답은 언제나 똑같다. "사업 안 하는 게 더 어울릴 것 같습니다." 이는 유튜브와 각종 SNS의 '누구나 월 1,000만 원 금방 만들 수 있다!', '하루 2시간만 투자하면 성공할 수 있다!'와 같은 자극적인 멘트도 한몫했다고 생각한다. 온라인의 대중화로 사업의 문턱이 낮아진 것은 환영할만한 일이지만, 이렇게 쉽게 무엇인가를 얻으려고 하는 것은 정말 잘못된 것 같다.

2022년 기준, 통계청에서 발표한 임금근로자 월평균 급여가 288만 원이라고 한다. 대부분의 사람은 이 월급을 받기 위해 짧게는 12년, 길게는 20년을 공부한다. 200~300만 원의 월급을 받기 위해 10년 이상을 투자한 셈이다. 그런데 한 달 만에 월 100만 원을 벌게 해달라는 둥, 3개월 안에 월 1,000만 원을 벌 수 있냐고 물어보는 둥, 정말 어리둥절할 수밖에 없다.

이렇게 물을 수도 있다. "그래도 조급한 마음이 추진력이 되어 열심히 하는 건 오히려 좋은 게 아닌가요?" 반은 맞고 반은 틀렸다. 때로는, 아니 대부분의 경우 조급함이 오히려 일을 그르치기 마련이니까. 쉬운 예시를 들어보겠다.

이제 막 사업을 시작하려고 하는 A와 B가 있다. A는 빠른 성과를 위해 올인하겠다며, 퇴사를 했다. 그러나 매월 들어오던 월급이 들어오지 않자, 조급해졌다. 이로써 장기적인 안목을 갖지 못하고, 단기적인 의사결정 하는 데만 급급하다. 결국 사업은 잘 안될 수밖에 없다. 반면 B는 사업을 하기로 마음먹었지만, 회사에 다니며, 조금은 피곤하지만, 퇴근 후 시스템을 만들어간다. 단기적으로는 손해 볼 수 있더라도, 이득이 되는 독수리 급 시야로 사업을 이어 나간다. 매월 월급이 들어오고 있어서 조급함도 생기지 않는다. 결국에는 잘될 수밖에 없다.

사업을 잘하기 위해서는 지금 내가 한 행동이 1~2년 뒤에 좋은 영향을 미칠만한 의사 결정을 해야 한다. 1~2개월 안에 나에게 돌아오는 단기적인 의사 결정은 장기적으로 나에게 손해를 입힐 가능성이 크다. 그러므로 조급함을 느끼는 것은 매우 좋지 않다.

다시 정리한다. 조급함을 갖지 마라. 단기간에 성공하려고 하지 마라. 오히려 성공하는 데 방해만 될 뿐이다. 가능하면 천천히 성공하는 게 좋다.

당신의 시간은
그 무엇보다 소중하다

결국 내가 강조하고 싶은 말은 이것이다. "당신의 시간을 소중히 여겨라." 자본주의 사회에서 사업을 한다는 것은 돈을 버는 것을 넘어 시간을 버는 것을 의미한다. 대부분의 직장인은 돈을 받고, 고용주에게 시간을 판매하는 반면, 사업가들은 돈을 주고, 이들의 시간을 구매하는 것만 봐도 알 수 있다.

당신이 느끼기에는 어떠한가? 돈이 더 중요한가? 아니면 시간이 더 중요한가? 나는 당연히 시간이 중요하다고 생각한다.

시간은 이 땅에 태어난 모든 사람에게 공평하게 주어진다. 하루 24시간, 365일, 길어봐야 100년 이내의 삶. 이것은 일론 머스크라고 해서 피해 갈 수 있는 부분도 아니며, 누군가는 평균적인 인생의 절반도 살지 못하고 죽기도 한다. 시간만큼은 누구에게나 한정적이며, 희소성을 가지고 있다.

반면에 돈은 어떠한가? 돈은 누군가에게는 거의 무한정에 가까운 재화이기도 하며, 희소하다고 하기도 어렵다. 무한정에 가까운 돈으로 한정적인 시간을 레버리지하는 것, 그것이 자본주의에서 가장 생존에 유리한 사고방식이다. 나는 이 책을 읽는 당신이 자본주의에서 가장 유리한 방식으로 생존했으면 하는 바람이다.

사실 온라인으로 사업을 일으키는 방법이 마치 미적분을 푸는 것처럼 엄청 어렵거나 복잡하다면, 사업을 하라는 내 말은 참 무책임한 것일 테다. 그러나 나는 3개의 연쇄사업을 일으키고, 100명이 넘는 수강생의 사업을 지도하면서 생각보다 사업이 어렵지 않다는 것을 알게 됐다.

앞으로 나는 사업을 기획하고, 실행하는 데에 어려움을 겪는 사람들에게 도움을 주고 싶다. 이미 유튜브, 인스타그램을 통해 사업에 대해 이야기하고 있고, 좋은 피드백을 많이 받고 있다. 특히, 내가 만들어낸 '비즈니스 설계법'에 대한 반응이 좋다. 이것은 하나의 공식과도 같아서, 누구든지 적절한 값을 대입하면, 좋은 결과물을 만들 수 있다. 사업이 너무 쉬워지는 것이다. 앞으로 다른 사람들의 성공을 돕는 선한 영향력을 많이 만들어내고 싶다.

————— 스위칭

또한 나는 한국의 팀 페리스가 되고자 하는 목표를 가지고 있다. 팀 페리스는 그의 저서 『나는 4시간만 일한다』에서 '뉴 리치(new rich)'에 대해 말하는데, 이는 '은퇴 후로 삶을 집행유예하는 걸 그만두고, 현시점에서 풍요로운 라이프 스타일을 창조하는 사람'을 의미한다. 흔히 말하는 파이어족과 비슷한 의미이기도 하지만, 완전히 은퇴하는 것이 아닌 라이프 스타일을 조정한다는 점에서 차이가 있다.

나는 이러한 뉴 리치와 새로운 삶의 방식을 실험해보기 위해 곧 여행을 떠날 예정이다. 세계 방방곡곡을 여행하고, 중간중간에 사업을 관리하면서, 현실적인 뉴 리치 라이프 스타일을 창조해보고, 실험해볼 생각이다. 그리고 이것이 성공적으로 마무리된다면, 『나는 4시간만 일한다』 한국판을 출판해볼 수도 있을 것 같다.

마지막으로 꼭 하고 싶은 이야기가 있다. 한번쯤은 돈을 진짜 많이 벌어보라는 것이다. 시간이 지나도 언제나 끊이지 않는 논쟁이 있는데, 바로 "돈이 인생의 전부는 아니다."라는 말이다. 때로는 이런 말을 되뇌며, 정신 승리를 하곤 한다. 물론 맞다. 돈이 절대로 인생의 전부가 될 수도 없고, 돈이 많다고 행복한 것도 아닐 것이다. 인생과 행복에는 돈 이외에도 중요한 가치가 정말 많이 있으니까.

그럼에도 불구하고 나는 이렇게 이야기한다. "한번쯤은 돈을 진짜 많이 벌어보세요." 왜냐하면 돈이 인생의 전부가 아니라는 말을 진정성 있게 할 수 있는 사람은 실제로 돈을 많이 벌어 본 사람만

할 수 있어서다. 돈을 많이 벌어보지도 않고, 이러한 말을 내뱉는 것은 그저 위안하는 말일 뿐이다. 서울대에 가본 사람이 "공부가 인생의 전부가 아니다."라고 해야 설득력이 있는 것처럼.

NGO에서 월급 180만 원 받는 평범한 사원이었을 때 나도 이렇게 외치곤 했다. "인생에는 돈 말고도 중요한 가치가 많아." 하지만 지나고 보니 그것은 스스로의 상황을 합리화하려는, 나의 자아를 보호하기 위한 일종의 '자존감 보호 시스템'이었다.

시간이 흘러 경제적 자유를 누리게 된 지금은 진심으로 마음 깊이 이렇게 이야기할 수 있게 됐다. "돈을 벌어보니, 진짜 돈이 인생의 전부는 아니네요."라고. 이전에는 자위의 의미로 되뇌었던 말이라면, 이제는 그것이 진실임을 깨닫고 있다. 정말 세상에 돈보다 중요한 것이 많은 것을 실감했다. 가족, 친구, 시간, 사랑, 우정, 지성, 건강, 자아실현, 신앙, 그 외에 돈으로 환산할 수 없는 가치들. 그러나 고백할 수 있는 것은, 이러한 것이 돈보다 가치 있음을 진정하게 발견한 시기는 돈을 많이 벌어본 뒤였다는 사실이다.

매슬로우의 '욕구위계이론'을 들어봤을 것이다. 여기에서는 이렇게 이야기한다. "사람은 하위 욕구를 충족한 뒤에야 상위 욕구를 욕망하게 된다." 이 이론에 따르면 생존 욕구인 하위 욕구를 해결해야만, 더 높은 차원의 욕구를 충족할 수 있게 된다. 즉, 현대인에게 생존은 돈과 직결되어서 돈을 많이 번 뒤에야, 더 고차원의 욕구를 갈

망하게 된다는 것이다.

이 이론을 알게 되고 정확히 이해했다. 내가 NGO에서 적은 돈을 받으며, 최상위 욕구인 자아실현의 욕구를 갈망했던 것은 순서가 어긋나있었음을. 그래서 지속할 수 없었음을. 이로써 당신에게 당당히 이야기할 수 있다. "돈이 인생의 전부는 아니다."라고. "그러니 한번쯤은 돈을 진짜 많이 벌어보라."고.

당신의 영향력을 돈으로 만들어라

안혜빈

우울증 상위 1% 기초생활보장대상자에서
SNS로 누적 매출 16억을 만들어낸
전문가들의 인스타그램 스승

15살에 전단지 아르바이트를 시작으로 누적 매출 16억 CEO가 되기까지 화장품 방문 판매, 각종 행사 판촉, 백화점 의류 브랜드 판매 직원 등 돈을 벌 수 있는 일이라면 무엇이든 했다. 평범한 시골 출신 소녀였음에도 기업의 대표가 되겠다는 뚜렷한 목표를 향해 달려온 덕분에 25살에 월 1억 매출을 달성할 수 있었다. 그 과정에서 더 성장하고자 교육과 배움에 투자한 금액이 아파트 한 채 값 정도다. 현재는 몸소 온갖 시행착오를 겪으며 체득한 고급 정보를 교육법인 대표로서 수강생들에게 아낌없이 나누는 중이다.

기초생활보장대상자,
기적을 만들다

400만 원이 입금되었습니다.

단 몇 시간의 강의로 통장에 400만 원이 찍혔다. 그리고 이튿날 내 돈 한 푼 들이지 않고, 코타키나발루로 일주일간 해외 출장을 다녀왔다. 이뿐 아니다. 2022년 11월 한 달 동안 자동화 소득으로 약 290만 원이, 그 외 다른 수익 파이프라인으로 140만 원, 390만 원 등의 금액이 입금됐다. 즉, 이제는 내가 노동력을 100% 발휘하지 않아도, 일정 소득 이상이 생긴다.

그럼, 내 일상은 어떨까? 위에서 얘기한 코타키나발루에서의 스케줄을 들려주자면, 수영장 3개가 딸린 호텔에서 오전에는 수영을 하고, 오후에는 카페에서 줌으로 회의를 하거나, 교육 촬영 및 컨설팅을 진행했다. 하루를 마무리할 때는 아름다운 석양을 바라보며, 산책했다. 꿈속에서나 그리던 삶이 현실이 된 것이다.

그런데 나는 불과 5년 전까지만 해도 기초생활보장대상자에, 이런 말을 듣고 지냈다. "야, 그 정도 했으면 안 되는 거 아냐? 난 너처럼 책 많이 읽어서 성공한 사람 내 주변에서 한 명도 못 봤어. 너처럼 학벌도, 인맥도, 돈도 없는 애가 서울에서 사업으로 성공한다는 게 말이 되냐? 잘난 사람들도 성공하기 힘든 세상인데." 이는 내가 가장 의지하고 믿었던 사람들이 3번이나 사업에 실패한 나에게 해준 진심 어린 조언이었다.

15살부터 전단지 아르바이트를 시작으로, 시급 3,000원 시절에 2,000원대를 받아도 항의 한번 없이 10시간씩 일하고, 불과 21살에 16개의 다양한 직업을 경험할 만큼 돈을 많이 번다는 일을 찾으면서 나름대로 열심히 살아왔는데, 통장의 잔고는 3만 원이 전부였던지라, 그들의 말에 나는 한마디도 반박할 수 없었다.

솔직히 고백하자면 그동안 나는 다른 사람들의 눈에는 최선을 다하는 듯 보였을지는 모르지만, 무언가 제대로 해보지는 않았던 것 같다. 그럴만한 이유가 있었다. 제대로 했는데도 실패하면, 내가 나에게 실망하고, 괴로울 것 같아서 최선을 다하는 게 두려웠던 것이다.

——— 스위칭

그런데도 그 시절 내가 가장 좋아했던 말은 "뭐든 열심히 하면 부자가 될 수 있다."였다. 이유는 단순했다. 그저 남들이 보기에 열심히 하고, 더 많은 시간을 쏟는 것처럼 보이기만 하면 된다고 여긴 것이다. 생각을 깊이 하지 않아도 되는 편안함이 있었던 것 같다. 그리고 만약 잘 안되면 그땐 세상 탓, 환경 탓, 아이템 탓을 하면 되니, 열심히 산다는 건 아무것도 없는 나에게 가장 마음 편안한 일이었다. 타고난 재능도, 학벌도, 경제적 능력도 없는 나를 지켜주는 방패와도 같은 말이었다.

이런 내가 사업에 연거푸 실패했으니, 열등감과 우울감이 나를 감쌌다. 그 와중에 22살 겨울, "네가 사업해봐야 얼마나 번다고. 그냥 다 그만두고, 용돈벌이라도 해."라는 말을 들었을 때는 그 감정이 극에 달했다.

'내 삶이 이런 형태로 계속된다면, 더 사는 게 의미가 있을까?'라는 극단적인 생각이 올라왔다. 이대로 있다가는 못 견딜 것 같고, 죽자니 두려웠다. 그때 가족들 얼굴이 스쳤다. 나 하나 편해지자고 내가 죽어버리면, 사랑하는 가족들은 내가 감당했던 힘듦의 몇 배를 평생 안고 살아가야 할 것 같아, 한번 더 살아 내보자 싶었다.

그렇게 나는 살기 위해 정신의학과를 방문했다. 복잡한 설문조사를 끝내고, 1시간가량 내 어린 시절부터 지금까지의 살아온 이야기를 하고 나니, 돌아온 한마디. "살아있는 게 기적이네요. 어떻게 견디셨어요?" 차트상 나는 우울증 상위 1%, 그 후유증으로 성인 ADHD와 불면증까지 겹친 최악의 상태였다. 다시 말해 아무것도 할 수 없는 수준이었다.

그렇다고 마냥 내 마음을 돌볼 수만은 없었다. 나는 우리 집의 가장이었고, 내가 멈추면 나만 힘들어지는 것이 아니라, 가족 모두가 곤란해지는 말 그대로 벼랑 끝에 서 있는 것이나 마찬가지였기 때문이다. 게다가 내게는 5,000만 원의 빚도 있었다.

지금 돌이켜봐도 그때 어떤 이유에서였는지, 딱 한번만 기적을 믿어보자는 마음으로 온라인 서점에 들어갔다. 그리고 돈 버는 방법을 다룬 내용 중 자본을 투자하지 않고도 시도할 수 있는 것을 찾았는데, 블로그 관련 책이 눈에 들어왔다. 블로그는 네이버 아이디만 있으면 누구나 할 수 있었고, 시작하는 데 돈도 들지 않았다. 그때부터 시중에 출간된 블로그 관련 책을 모조리 구매해 읽고, 파워블로그를 분석해 45일 만에 최적화 블로그를 만들었다.

정말 기적이 일어났다. 사람들이 나를 "혜빈님"이라며 존대해줬고, 나와 함께 일하고 싶어 했다. 여전히 기초생활보장대상자였지만, 화장품부터 생필품, 병원, 펜션 등의 상품이 최고의 퀄리티로 제공됐다. 그 대가로 나는 그것들을 홍보해주기만 하면 됐는데, 놀라운 것은 포스팅료도 두둑했다는 사실이다.

초반엔 무료로 제품만 받고 홍보해줬지만, 시간이 지나니 포스팅 1건당 20~30만 원씩 받게 되면서, 하루에 90만 원을 벌기도 했다. 한번은 내가 아파서 병원에 입원했는데, 입원해 있는 동안 노트북 하나로 병원비 그 이상을 벌었다. 그때부터 아프면 돈부터 걱정하던 삶에서 벗어날 수 있었다.

탄탄대로만 갈 것 같던 시간도 잠시, 몇 년 뒤 내 블로그는 소위 말하는 저품질에 걸렸고, 모든 포스팅이 노출이 안 되기 시작했다. 심지어 "제가 정말 많은 블로그를 봤는데, 블로그 노출이 이렇게 안 되는 블로그는 처음이네요."라는 소리까지 들었다. 평소 알고 지내던 브랜드 광고대행사 대표가 내 블로그 지수를 측정해주며 한 말이었다.

이대로 포기할 수는 없어 블로그를 하나 더 만들어 60일 만에 최적화시켰다. 그런데 몇 달 가지 않아 내가 홍보를 맡은 제품이 그당시 가장 유명했던 뷰티 프로그램 〈겟잇뷰티〉에 방송되며, 내 블로그에 방문자가 급등했고, 다시 위기를 맞았다.

이번엔 다시 일어설 힘도 없었다. 몇 년간 이런 과정을 반복하다 보니, 다른 대안을 찾는 게 시급했다. 그렇게 다음 도구로 선택한 것이 인스타그램이었다. 내가 인스타그램을 선택한 이유는 5가지가 있다.

첫째, 네이버 카페, 블로그, 페이스북보다 알고리즘이 단순했다.

둘째, 그때만 해도 인스타그램으로 돈을 벌려면 가장 중요한 것이 '사진을 잘 찍는 것'이라는 말이 많았는데, 사진만 잘 찍어서는 구매 전환이 되지 않는다는 걸 알고 있었다. 대신 단순한 알고리즘을 활용하면, 적은 팔로워로도 수익화하기가 쉬울 것이라고 예상했고, 나는 이를 "인스타그램에도 브랜딩이 필요하다."라고 표현한다.

셋째, 인스타그램 특성상 블로그처럼 몇 달을 키우지 않더라도, 단기간에 핵심 고객을 모을 수 있으며, 그들과 콘텐츠를 통해 탄탄한 신뢰 관계를 구축하면, 수익화하는 데까지 들이는 시간이 비교적 짧았다.

넷째, 노출도 잘되고, 제대로 된 방법을 잘만 이용한다면, 신규 사업자나 전문적인 지식이나 기술과 경험을 나누는 사람들(뷰티 사업가, 지식창업가, 1인 기업가 등)도 수익화하기까지 소요되는 시간이 짧을 뿐만 아니라, 방법도 크게 어렵지 않았다.

다섯째, 저품질의 개념이 없었다. 쉐도우 밴이나 해킹을 당하는 경우는 있지만, 블로그에 비해 풀어내기가 수월하고, 계정을 다시 키우기도 쉬웠다.

종합적으로 보면 인스타그램은 내가 들이는 노력 대비, 노출이나 전환이 잘됐다. 그렇다고 쉽게 성공할 수 있다는 뜻은 아니다. 네이버 카페, 블로그, 페이스북 등 다른 플랫폼 마케팅보다 쉽고 간편하다는 것이다. 더욱이 스마트폰 하나만 있으면 어디서든 할 수 있으니, 시간적·공간적 구애를 받고 싶지 않은 나에겐 이보다 더 좋은 도구가 없었다.

나는 블로그를 했던 것처럼 양질의 포스팅과 소통에 집중했고, 내 일상부터 내가 사용하는 제품, 공부한 지식을 공유하며, 인스타그램을 적극적으로 키웠다. 그 결과, 아동복, 여성 의류, 건강식품, 천연비누, 광고대행 등의 상품으로 수익화를 성공시킬 수 있었다. 또 이 경험은 훗날 내가 인스타그램을 기반으로 누적 매출 16억 원을 달성하는 데 아주 중요한 자양분이 됐다.

투자한 만큼
복으로 돌아오다

인스타그램을 키우며, 즐거운 나날을 보내던 어느 날, 운명 같은 책을 만났다. 나는 그 책을 통해 고객이 스스로 찾아오는 사업 구조에 눈을 떴다. 그리고 단순히 노동과 상품만으로 돈을 버는 것이 아닌, 다른 방법으로 온라인 사업을 잘해 볼 수 있겠다는 확신이 생겼다. 물론 그 도구로는 인스타그램을 활용할 예정이었다.

빨리 실행으로 옮겨 확인해보고 싶었지만, 나는 겨우 책 한 권 읽고서 사업 구조를 뚝딱 만들어내는 똑똑한 사람이 아니었다. 그래서 저자를 찾아가 보기로 했다. 없는 돈을 탈탈 털어 자리를 마련했다. 그리고 24살의 나는 어설프게 작성한 사업계획서를 들이밀며 말했다. "저는 10년 뒤에 사람들이 자기가 가진 재능과 관련된 상품을 온라인으로 판매하는 법을 알려주고 싶어요." 그랬더니 저자가 "굳이 왜 10년 뒤에 하려고 해요? 지금 당장 해도 문제가 없는데. 본인이 온라인으로 수익화를 내본 경험을 사람들에게 알려줘 봐요. 또 인스타그램 마케팅을 필요로 하는 사람은 많은데, 그 분야를 제대로 배울 기회가 많지 않으니, 인스타그램 마케팅을 통해서 사람들이 수익화할 수 있게 도와주면 되겠네요."라고 하는 게 아닌가.

나는 이 말이 내 인생을 송두리째 바꿔줄 줄은 상상도 못했다. 강의 한번 해본 적 없었지만, 저자가 해준 말에 용기를 얻은 나는 소위 강의 좀 한다는 강사들의 강의를 하루에 2시간만 자며 반복해서 들었다. 그리고 내가 하고 싶은 말을 조리 있게 전달하는 법을 익히고, PPT를 만들 줄도 몰랐기에 단 2장의 강의 자료를 지인에게 부탁하여 1만 원짜리 수업을 개설했다.

공지한 지 하루가 지나기도 전에 20명 정원에 22명으로 마감할 정도로 첫 강의부터 반응이 뜨거웠다. 두 번째, 세 번째, 그 뒤로도 수요는 점점 늘어났다. 그 과정에서 수강생들의 요구 사항을 새겨들으며, 내용을 보완해 나갔다.

그런데 나도 그랬듯 수강생들은 짧은 시간 동안 내가 알려준 것을 실천하고, 수익화를 하는 데 어려움을 겪는 듯했다. 이에 나는 내가 수강생의 입장에서 불편했던 점들을 적극적으로 개선하여 반영하기 시작했다. 그들이 성과를 낼 수 있도록 1:1 코칭, 그룹 피드백,

실천 스터디, 24시간 이용할 수 있는 온라인 VOD 교육 등의 시스템을 마련해 실천할 수밖에 없는 환경을 만들었고, 그 과정을 묶은 교육 매니지먼트 멤버십을 구성했다. 마치 헬스장에서 맞춤 PT를 받아 원하는 몸을 만들듯, 교육을 그렇게 활용할 수 있도록 한 것이다.

나는 또 하나의 특별한 일을 했는데, 수입의 50% 이상을 교육비에 재투자했다. 요식업에서 재료에 아낌없이 투자하듯, 나는 교육이라는 재료에 아낌없이 투자한 것이다. 나중에 세무사사무실을 통해 들은 바에 의하면, 내가 그렇게 교육에 투자한 비용만 아파트 한 채 값 정도 된다고 했다.

이렇게 내 나름대로 진심을 다해 공을 들인 덕분일까. 교육 멤버십과 기업 마케팅 자문, 강의, 유통 등의 다양한 사업에 본격적으로 몰두하면서, 하루 만에 법인 통장에 직장인 연봉만큼의 금액이 입금된 적이 있다. 불과 8개월 만에 생긴 일이었다. 더불어 이 시기부터 내가 교육한 수강생들도 나처럼 시간과 공간의 제약 없이 월 1,000, 3,000만 원 이상의 순이익을 내며, 내가 운영하는 교육법인이 '인생 성형' 교육기관이라고 입소문 나기 시작했다.

수익화 되는 인스타그램은
따로 있다

지금부터는 내가 성공시킨 인스타그램 마케팅 방법을 알려주고 자 한다. 총 8가지 단계가 있으니 꼼꼼히 정독해 부디 자기 것으로 만들어 인스타그램을 단순히 취미로만 이용하는 것이 아닌, 수익 내는 인스타그램을 만들길 바란다.

1단계, 세상은 당신의 상품을 기다린다는 사실을 알아야 한다. 이 를 설명하기 위해 하나의 예시를 들어보겠다. 우리는 종종 "○○아, 나 이거 좀 알려줘." 혹은 "○○아, 나 이거 좀 도와줘."라는 말을 듣 는다. 주변에서 그렇게 요청한다는 것은 내가 그것을 잘해서다. 하 지만 대다수는 그 사실을 인지하지 못한다.

지금부터 이야기하려는 수강생도 그랬다. 그녀는 후원 방문 판매 뷰티 사업을 하고 있었는데, 명함을 돌리거나, 모르는 사람을 대상으로 영업하는 일에 많이 지쳐 있었다. 대화를 나누다 보니 한 브랜드에 소속되어 제품을 판매하기보다, 인플루언서가 되면 더 잘 어울리겠다는 생각이 들었다. 그녀가 원하는 인스타그램 수익화 방향성도 이와 비슷했다.

그런데 인플루언서가 바로 되면 좋겠지만, 단시간에 만들어내기는 어려우니, 릴스 교육을 해볼 것을 권유했다. 그녀의 피드를 살펴봐도 이미 릴스를 재미있게 만들고 있었고, 다른 콘텐츠에 비해 릴스가 돋보여 한 제안이었다. 또 현재 하고 있는 일을 접목해, 뷰티 전문 릴스 교육부터 뷰티 전문 릴스 영상 제작 및 광고 대행을 하면 좋겠다는 팁도 곁들였다.

이에 그녀는 기존의 릴스 관련 교육의 결핍과 핵심 고객에게 필요한 뷰티 전문 릴스 콘텐츠를 빠르게 파악하며, 초기 교육 콘텐츠를 구축해나갔다. 이렇게 아이템을 정하고, 홍보를 시작하자마자 첫 달 매출은 200만 원이 넘었고, 4개월 만에 월 순수익 2,600만 원을 돌파했다. 그만큼 본인의 강점을 명확하게 찾아내고, 부족한 부분을 보완하며, 열정적으로 몰두했기에 가능한 결과라 생각한다.

이 사례의 핵심은 다음과 같다. 첫째, 나의 강점을 먼저 찾는다. 이는 꼭 특출나지 않아도 되는데, 왜냐하면 관련된 콘텐츠로 보충

———— 스위칭

하면서 신뢰도로 극복할 수 있어서다. 둘째, 시장에 이미 존재하는 상품과 차별화된 나만의 특별한 무기가 있어야 한다. 조금 더 쉽게 말하면, 나여야만 하는 이유를 전해야 한다. 셋째, 내 상품을 구매했을 때 고객이 "이런 상품 또는 서비스가 꼭 필요했는데, 제공해주셔서 고맙습니다."라고 할 만큼 핵심 고객이 뚜렷해야 한다.

이 3가지만 잘 지켜도 인스타그램에서 수익화 모델을 판매하기 시작하면, 구매하고 싶다는 문의를 받는 데까지 그리 오래 걸리지 않는다. 물론 이 뒤의 단계들이 더 중요하니 여기까지 됐다고 오만해지면, 제대로 사업화도 하기 전에 망하기 쉽다.

인스타그램으로 수익화를 내기 위한 1단계를 한번 더 요약하자면, 먼저 본인의 강점이나, 자기가 세상에 알리고 싶은 주제 혹은 타인이 꾸준히 알려달라고 하거나, 배우기를 원했던 주제에 대해 생각해보고, 수익화 모델을 설정한 다음 '누구에게 팔 것인가?', '그들은 왜 이 상품을 필요로 하는가?', '시장에 이미 나와 있는 상품에서 그들이 느끼는 공통적인 결핍은 무엇인가?', '이 결핍을 나는 어떻게 해결할 수 있는가?'에 대해 스스로 묻고 답하는 과정을 거쳐야 한다. 만일 여기까지 구체적으로 답할 수 있다면 반은 성공한 것이다.

2단계, 제품 출시 전부터 문의를 받도록 세팅해야 한다. 세계 최고의 마케팅 구루인 세스 고딘은 이런 말을 남겼다.

"퍼플 카우 마케팅의 핵심은 주목할 만한 도드라짐이다. 우리가 알고 있는 일반적인 소의 이미지가 아니라 눈에 확 띌 수 있도록 소를 보라색으로 바꾸는 것이다. 기업들 역시 기존의 제품보다 새롭고 흥미진진해야 시장에서 살아남을 수 있다. 보는 순간 사람들의 시선을 확 잡아끄는, 화젯거리가 되고 추천거리가 될 만한 제품이나 서비스를 만들어내는 게 중요하다. 이제는 극단적인 차별화 없이는 그 어떤 기업도 생존을 장담할 수 없게 됐다."

이는 그의 저서 『보랏빛 소가 온다』의 보랏빛 소(puple cow) 전략에 대한 내용으로, "대중을 버리고 당신의 상품에 주목할 만한 소수에게 집중하라. 그러기 위해 그들의 눈에 띄는 독보적인 차별화를 가져라."는 의미가 담겨있다. 인스타그램으로 수익화를 내기 위해서도 2·3단계에서 이 보랏빛 소 전략이 아주 중요하게 작용한다.

1단계에서 세상이 원하는 상품을 만들기 위해 자신의 강점을 찾았다. 이로써 수익화 모델이 어느 정도 설정됐을 텐데, 2단계에서는 계정에 명확한 컨셉을 설정하고, 표현해주어야 한다. 그래야 제품 출시 전부터 고객의 관심을 받을 수 있다.

그런데 이 단계에서 흔히 하는 실수가 2가지 있다. 첫 번째는 일하는 모습, 자기 계발하는 모습, 육아 또는 여행 다니는 모습 등의 내용을 공유하면서, 계정을 일기장처럼 운영한다는 것이다. 그리고 두 번째는 판매하는 상품이 명확하지 않다는 것이다. 그리하여 컨셉은커녕 "그래서 이 사람 뭐 하는 사람이야?"라는 느낌을 주게 된다.

아직은 누구에게 팔 것인지를 명확하게 설정하지 않은 상태이다 보니, 어떤 컨셉으로 나아가야 할지 막막할 수도 있다. 분명한 것은 이 단계에서 인스타그램 계정을 어떻게 세팅하느냐에 따라 제품 출시 전부터 타깃의 관심을 받는 핫한 계정이 될 수도 있고, 출시 후에도 DM 한 통 받지 못하는 조용한 계정이 될 수도 있다는 점이다.

내가 말하는 컨셉 설정은 두루뭉술하게 '30대 아이 둘을 키우는 육아맘 마켓', '정리 정돈 컨설턴트', '변호사' 이런 것을 말하는 게 아니다. 나의 경우를 예시로 들면, 나는 평소에도 '인스타그램 마케팅'보다 '인스타그램 수익화'라는 표현을 더 많이 사용하는데, '교육비에 아파트 한 채 값 들여 교육하는 전문직 맞춤 인스타그램 수익화 전문가'라고 나의 컨셉을 정했다.

이렇게 뚜렷하게 컨셉을 정하고 나니, 인스타그램 수익화가 필요한 불특정 다수보다는, 자신의 강점을 찾아 인스타그램을 통해 수익화하고자 하는 특히, 전문직(뷰티, 미용, 지식창업, 법률, 세무, 부동산 등)에 종사하면서, 본인의 경험이나 서비스를 판매하는 사람들에게 도움이 되는 콘텐츠를 제공하는 계정으로 꾸려나갈 수 있었다. 더불어 콘텐츠를 제공했을 때, 내 핵심 고객들은 타 상품보다 내가 제공하는 상품에 대한 만족도가 더 높아졌고, 나는 그 고객군에 맞는 상품에만 집중하면 되니, 전문성도 높아졌다.

간혹 매출을 높이려고 하다 보면 모든 타깃을 잡으려고 하는 경우가 있는데, 오히려 그 누구도 만족하지 못하는 상품이 될 확률이 높다. 아무에게도 끌리지 않는 상품 말이다. 이런 상품은 장기적으로 재구매나 소개도 이루어지지 않고, 결과적으로 스스로 뭐가 문제인지 알지 못한 채 가격 경쟁만 하게 되므로 적자 구조에, 시스템화도 안 된다.

중요한 것은 컨셉을 정했다면, 프로필 영역에 이 부분을 명확하게 드러내 줘야 한다. 마치 오프라인에 가게를 차릴 때 필수적으로 설치하는 간판처럼. 고객들에게 내가 어떤 사람이고, 어떤 상품을 판매하는 사람인지를 확실하게 드러내는 것이다.

컨셉이 잘 드러나는 인스타그램 프로필 설정을 위해서는 다음 3가지가 반드시 들어가야 한다. 내가 어필하고 싶은 나만의 슬로건

혹은 핵심적인 한 줄, 나를 소개할 수 있는 간단한 커리어 또는 소개글, 내 상품·서비스를 더 알아보기 위한 행동 유도 한 줄(프로모션, 한정 판매, 선착순, 이벤트 등이 언급되면 더 좋다)이 그것이다.

이 같은 프로필 한 장이 핵심 고객들에게 보여주는 가장 대표적인 내 '간판'이라고 생각하면 된다. 계정의 컨셉만 잘 설정해주어도, 내가 상품을 만들기도 전에 고객이 나를 만나고 싶다거나, 컨설팅, 교육 혹은 내가 제공하는 상품이나 서비스가 있다면, 구매하고 싶다고 선DM이 올 수 있다.

3단계, 누구의 문제를 해결할 것인가를 묻고, 또 물어야 한다. 컨셉까지 잘 잡았다면, 이제 내 상품을 구매해줄 고객을 만나야하는데, 이 단계에서 가장 중요한 것이 '핵심 고객'이다. 핵심 고객이란,

구매 여력이 있으면서, 내 상품을 구매했을 때 가장 만족할 수 있는 사람이다.

그런데 대부분 핵심 고객을 정하는 것을 어려워한다. 왜일까? 바로 "내 상품은 모든 사람에게 도움이 된다."는 '오류'에 빠져있기 때문이다. 물론 두루두루 도움이 될 수는 있지만, 조금만 더 생각해보면 내 상품이 특히 도움이 되는 사람이 있다. 한마디로 그냥 도움되는 사람 말고, 특히 도움이 되는 사람 말이다.

세계적인 마케팅의 아버지 필립 코틀러는 자신의 저서 『마켓 3.0』에서 이런 말을 했다. "당신의 도움이 가장 절실한 고객에게 다가가라." 이는 내 상품을 돈만 내면 구매가 가능한 고객처럼 내 상품에 이익을 가져다주는 고객을 핵심 고객으로 설정하는 것이 아니라, 내 상품의 도움이 가장 절실한 고객을 찾으라는 말로 풀이할 수 있다.

한 수강생의 경우 인스타그램을 브랜드 계정으로 운영하며, 아로마 롤온을 판매하고 있었다. 팔로워는 200명이 조금 넘은 상태였는데, 아무리 소통 작업을 하고, 전문가에게 고액의 비용을 주고 사진을 예쁘게 찍어 올려도, 고객의 반응은 미비했다. 이에 코칭 중에 핵심 고객을 바꿔볼 것을 제안했다. 상품성도 후기도 좋으니, 재설정해보자고 한 것이다.

우선 우리는 '집중력이 좋아지는 데 효과가 있다.', '잠을 깨우는

데 효과가 있다.'는 후기를 근거로 하여, 집중력과 잠이 깨는 효과가 가장 필요한 고객군을 유추했고, 그 결과 수험생이라는 타깃을 찾을 수 있었다. 기존 핵심 고객인 '육아맘, 사업가, 집중력이 필요한 다수'에서는 전혀 예측할 수 없는 대상이었다.

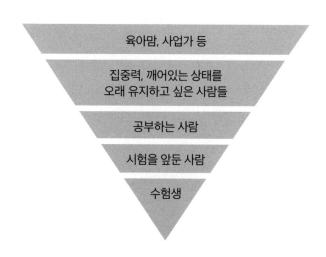

수험생은 그 누구보다 집중력에 탁월한 아이템, 제품, 음식 등을 필요로 하고, 그 효과를 누구보다 간절히 원하는 이들이다. 당연히 다른 고객군보다 상품을 더 고맙게 생각할 것이고, 효과를 본다면, 입소문까지도 기대할 수 있었다. 게다가 타 고객군 대비 니즈도 높았다. 이렇게 핵심 고객을 더 뾰족하게 설정하고, 콘텐츠를 제작한 결과는 어땠을까? 그렇게 늘지 않았던 팔로워가 단기간에 2,000명을 넘겼고, 누적 판매 수가 1억 병이 넘었다.

핵심 고객을 잘 설정하는 것은 수익화 과정에서 아주 중요한 단계다. 앞의 1·2단계와도 연결되면서, 결정적으로 나의 상품을 구매해야만 하는 이유를 알고 있는 고객을 만나게 해준다. 이로써 이 단계만 잘 설정해도, 고객을 찾아다니며 영업을 하는 방식이 아닌, 고객이 스스로 찾아오는 수익화 인스타그램이 만들어진다.

4단계, 고객이 어떤 경로로 나를 알게 되는지를 파악해야 한다. 내가 강의나 자문할 때 항상 강조하는 것이 있다. 마케팅할 때 "고객의 입장에서 생각하라."는 것이다. 또 고객의 입장에서 생각할 수 있다면, 그에 맞는 마케팅 전략도 세울 수 있어야 한다.

전략에 있어 내가 좋아하는 말이 있는데, 바로 『손자병법』의 '지피지기 백전불태(知彼知己 百戰不殆)'이다. 그 전문을 옮겨 해석하면 다음과 같다.

지피지기 백전불태 知彼知己 百戰不殆
적을 알고 나를 알면 백 번 싸워도 위태로울 것이 없으나,

부지피이지기 일승일부 不知彼而知己 一勝一負
적을 모르고 나를 알면 승과 패를 주고받을 것이며,

부지피부지기 매전필태 不知彼不知己 每戰必殆
적을 모르는 상황에서 나조차도 모르면 싸움에서 반드시 위태롭다.

인스타그램에서 수익화를 하기 위한 전략도 마찬가지다. 인스타그램의 전반적인 사항뿐만 아니라, 핵심 고객이 어떤 경로를 통해 나를 알게 됐는지를 분석해, 그에 맞는 콘텐츠와 마케팅 전략을 세울 수 있어야 고객과 더 가까워지고, 핵심 고객에게 더 많이 노출시킬 수 있다.

지금 이 글을 쓰고 있는 시점인 2022년 12월 기준으로 분석해보면, 인스타그램은 취향과 관심사 기반의 알고리즘이다. 이러한 이유로 인스타그램 알고리즘은 다음 3가지가 가장 중요하다.

1. 주로 소통하는 사람
2. 주로 찾아보는 주제
3. 발견 영역이나 피드 영역에 노출되었을 때 특히 관심 있게 살펴보는 콘텐츠

인스타그램은 이러한 데이터를 기반으로 다음 페이지의 이미지처럼 연관된 키워드 및 주제들로 뻗어나가며, 내가 관심 있어 할 만한 게시물을 발견 영역이나 피드 영역에 노출시킨다. 콘텐츠는 이러한 경로로 핵심 고객들에게 노출이 된다고 볼 수 있는데, 요약하자면, 홈 화면, 탐색·발견 탭, 해시태그, 친구 추천이다.

5단계, 고객과 정서적 유대감을 형성해야 한다. 유튜브 채널 하나를 잘 키워서 20억에 매각한 주언규 PD의 유튜브 마케팅 교육을

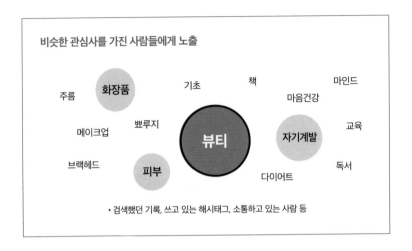

비슷한 관심사를 가진 사람들에게 노출

주름　화장품　기초　책　마인드

메이크업　뽀루지　마음건강

뷰티　자기계발　교육

브랙헤드　피부　다이어트　독서

• 검색했던 기록, 쓰고 있는 해시태그, 소통하고 있는 사람 등

들은 적이 있다. 그 강의에서 그는 콘텐츠 종류로 풀링 콘텐츠와 키 콘텐츠가 있다고 말했는데, 이를 참고해 인스타그램 콘텐츠를 기버 콘텐츠와 키 콘텐츠로 나눠 설명해보려 한다.

인스타그램으로 수익화를 하기 위해서는 고객과 정서적 유대감을 잘 맺는 것이 중요하다. 그러기 위해서는 양질의 콘텐츠와 소통을 통한 관계십을 구축해야만 하는데, 성공적인 콘텐츠 전략을 알려주기 전에 먼저 묻고 싶다. '어떤 계정을 팔로우 하고 두고두고 보고 싶은가?' 아마 나에게 도움이 되는 계정일 것이다.

이익의 기준에는 여러 요소가 포함될 수 있는데, "어머, 이건 내 얘기잖아." 할 만큼 콘텐츠가 내 경험과 유사하여 공감을 끌어내거나, "왜 이제야 나타났나요."라는 말이 절로 나오는 나의 문제를 해결해줄 수 있는 정보, 혹은 일상에 적용할 수 있는 꿀팁, 잔잔한 웃음을 주는 유머러스한 콘텐츠를 예로 들 수 있다. 그리고 나는 이를 기버 콘텐츠로 분류한다. 즉, 기버 콘텐츠는 고객에게 무료로 제공하는 양질의 정보성 콘텐츠다. 이해를 돕기 위해 몇몇 좋은 예시를 살펴보자.

아래의 수강생은 말 잘하고 싶다면 지금 딱 1분만 투자하세요, 직장에서 가스라이팅 당했을 때 이렇게 말하세요, 언어의 마술사가 되는 마법의 숫자, 발표할 때 써먹기 좋은 마무리 멘트 3처럼 말과 관련한 유익한 지식을 나누고 있다.

아래 수강생은 일주일에 3회 정도 하루 1~2시간 투자로 기버 콘텐츠만 제작해 계정을 키워나갔다. 그리고 한 달 만에 40만 원의 자동화 수익화를 성공시켰다.

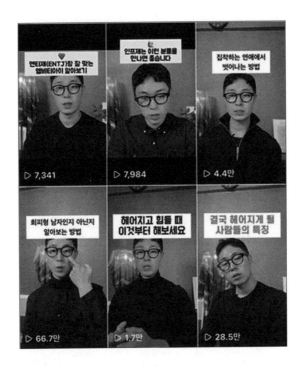

위 두 계정을 보면 내가 이야기한 콘텐츠의 긍정적인 특성을 모두 포함하고 있음을 알 수 있다. 이 같은 양질의 콘텐츠로 유입된 핵심 고객들은 잘 만들어진 프로필을 확인한 후, 그 계정이 자기에게 도움이 될지 안 될지를 빠르게 판단한다. 그리고 몇 개의 콘텐츠를 더 소비한 다음, 이익이 된다고 생각하면, 팔로우를 누르고, 계속 지켜보는 것이다.

기버 콘텐츠의 역할은 딱 여기까지다. 기버 콘텐츠를 통해 이러한 과정이 반복해서 이루어져야 하고, 핵심 고객이 자신의 문제를 해결해 줄 상품이 있으면 좋겠다고 생각하고 있을 때, 키 콘텐츠를 내놓아야 한다. 여기서 키 콘텐츠란, 실제 구매 전환을 일으킬 수 있는 콘텐츠로 후기, 직접적인 홍보, 상품 판매 예고글 등이 그에 해당한다.

앞서 인스타그램으로 수익화를 하려면 고객과 정서적 유대감을 높여주는 성공적인 콘텐츠 전략을 짜야 한다고 언급했는데, 아래 3가지 질문에 답하면서 방향을 잡아나가면, 도움 된다.

1. 내 핵심 고객이 밤잠을 설쳐가며 고민하고 있을 문제는 무엇인가?
2. 내 핵심 고객은 누구이며, 그들은 주로 어디에 모여 있는가?
3. 내 핵심 고객이 나보다 먼저 알게 된 유사 브랜드 혹은 인플루언서는 누구이며, 그를 선망하고 팔로우하는 이유는 무엇인가?

여기에 대한 답변을 정리했다면, 이제는 아래 2가지 기준에 따라 실질적으로 조회 수를 높이는 콘텐츠를 기획해야 한다.

첫째는 기획 부분이다. 내가 다루고자 하는 주제의 키워드, 혹은 연관 키워드를 정하고, 유튜브나 네이버 지식인, 카페, 인스타그램 등에 검색해본다. 그리고 조회 수가 높은 것 위주로 주제를 검토하여, 섬네일이나 제목을 참고해, 나만의 콘텐츠를 제작한다. 이 과정이 복잡하다면, 평소 꾸준히 소통하는 팔로워들에게 직접적으로 질문함으로써 팔로워들이 가장 많이 궁금해하고, 원하는 콘텐츠를 만들어도 좋다.

이 기준대로 잘 만들었을 때, 내 핵심 고객은 내 콘텐츠에 감동하고, 이 콘텐츠를 저장하고, 공유하고 싶어질 것이다. 더 나아가 잘 만들어진 콘텐츠를 통해 당신의 상품이나 서비스가 더 궁금해질 수 있다.

둘째는 디자인 부분이다. 우선 섬네일이라고 하는 첫 번째 장은 무조건 이목을 집중시킬 수 있어야 한다. 글씨는 되도록 반듯하고, 큼직하여, 눈에 확 띌 수 있도록 한다. 이때 색상은 배경색과 글씨색 대비가 확실한 게 좋다.

그런 다음 핵심 고객의 고민을 명쾌하게 해결해 줄 듯한 '제목'과

'눈에 띄는 이미지' 그리고 '지루하지 않은 콘텐츠의 흐름'에 신경 써서 만든다. 이 3가지는 콘텐츠 표현 방식이 카드 뉴스든, 동영상이든, 고객의 눈길을 이끌어 콘텐츠를 선택하게끔 하는 데 큰 영향을 미친다. 되도록 배경은 깔끔하거나 단색으로 만들어주고, 강조하고 싶은 제목이나 텍스트, 이미지가 강조될 수 있도록 만들어주는게 좋다.

6단계, 첫 고객에게 모든 걸 걸어야 한다. 18살, 나는 내가 제작한 상품이 처음 팔렸던 순간을 아직도 잊을 수 없다. 무작정 사업을 해야겠다고 생각한 나는 당장 수중에 사업 자금이라고 할 만한 돈도 없고, 사업을 알려줄 사람도 없었다. 그때 내가 의지할 수 있는 거라곤 책이 전부였는데, 우연히 읽은 천연화장품 만드는 방법에 대한 책에서 향수 만드는 방법과 재료를 구매할 수 있는 구매처 정보를 알게 됐다. 아르바이트를 해서 번 50여만 원으로 책에 나와 있는 대로 재료를 구입한 뒤, 혼자 향수를 만들었다. 처음부터 돈을 많이 벌자는 생각보다 새로운 시도에 초점을 맞췄다. 그리고 그렇게 만든 향수를 학교에서 판매했는데, 기대 이상으로 잘 팔렸다. 옆 반 친구들, 선배, 후배 할 것 없이 입소문을 듣고 향수를 사겠다고, 나를 찾아왔다. 내 기억으로 하루에 순이익으로 10만 원은 벌었던 것 같다.

아쉽게도 학교에서 상업 행위를 하는 것은 규정 위반이라는 소리를 듣고, 판매를 접어야 했다. 그런데 그때는 시급이 4,320원인 시절이라 12시간 알바를 해도 6만 원도 못 버는 수준인데, 하루에 10

만 원이라는 큰돈을 벌어보니 멈출 수가 없었다. 한편 혼자서 판매, 영업, 제조까지 하는 게 힘들었던 나는 조금 더 쉽게 돈을 벌 방법을 궁리하다가, SNS에 상품 관련 글을 올리고, 내가 제조하는 과정을 올리기로 했다. SNS에 연결된 친구들이 그 글을 보고, 직접 구매를 하도록 하면 편하겠다고 생각한 것이다.

그리하여 나는 그때 내가 운영하던 페이스북 계정에 상품 관련 글을 올렸고, 향수라는 상품의 한계성으로 사람들이 페이스북만 보고도 제품을 구매할까 싶었지만, 오히려 더 잘 팔렸다. 나는 첫 구매를 한 고객을 위해 예쁜 박스와 포장지도 구매하고, 손 편지도 썼다. 추가로 신제품으로 출시할 예정인 향수를 샘플로 만들어서 서비스로 챙겨 보냈다. 그랬더니 그 고객은 자신의 지인들에게 적극적으로 홍보하는가 하면, 내 글을 공유해줌으로써 내가 직접 영업하지 않았던 고객들도 나를 찾아오게 했다. 이런 방식으로 다음 고객, 그 다음 고객을 응대하니, 기존 고객들의 재구매까지 이어지게 되면서 첫 고객의 힘을 경험했다.

그 이후 첫 고객의 힘을 내가 하는 모든 비즈니스에 적용했고, 지금 하는 교육 사업에도 이 원리를 도입했다. 이로써 가장 첫 수강생이 0원에서 시작하여 일주일 만에 100만 원의 순이익을 내면서, 본인의 사촌 동생과 지인도 추천하는 일이 있었다.

한 명의 고객 뒤에는 100명 이상의 잠재고객이 연결되어 있다고 한다. 이 글을 읽는 당신도 책에서 이야기하는 부분을 제대로 실행한다면, 분명 경험하리라 확신한다. 이 원리는 특히 인스타그램에서 중요하게 작용하는데, 신뢰와 콘텐츠를 중심으로 수익화가 실현되는 공간이라서, 첫 고객의 후기, 첫 고객의 경험을 통해 내 상품의 가치가 제대로 알려지기 시작한다. 첫 고객이 생기는 순간 진정한 비즈니스가 시작되는 것이다.

7단계, 알고리즘도 이기는 고객 소통 전략을 활용해야 한다. 교육 사업을 5년간 진행하면서 굉장히 다양한 수강생을 만나왔다. 그리고 깨달은 것이 하나 있는데, 누구에게나 공평하게 통하는 성공 공식은 없다는 부분이다.

사람은 누구나 타고난 기질과 노력해서 키워나갈 수 있는 센스와 재능의 영역이 있다. 반면, 각자 자기만의 강점과 재능이 있는 유일무이한 사람이라서 누구에게나 공평하게 통하는 성공 공식이 때때로 나에겐 통하지 않는 일을 경험한다. 물론 이것은 지극히 내 개인적인 경험에 근거한 나의 가설일 뿐이다. 그리고 이러한 내 생각은 인스타그램을 통해 수익화하는 방법을 교육할 때도 똑같이 적용된다.

그런데 유일무이하게 누구에게나 통하며, 알고리즘도 이기는 공식이 있는데, 그게 바로 '소통'과 '관계십' 구축 전략이다. 너무 뻔하다고 느껴지는가? 많은 사람이 이 전략을 접한 적은 있으나, 제대로 실현한 사람은 많지 않다. 실제로 이 전략을 잘 적용한 화장품 브랜드 CEO는 인스타그램을 기반으로 키운 화장품 브랜드가 300억 이상의 투자를 받는 굉장한 성과를 내기도 했다.

이 정도로 인스타그램을 통해 수익화하는 데 있어 고객과의 관계십이 곧 매출을 결정짓는다고 해도 과언이 아닐 정도로 중요하다. 쉽게 말하면, 내가 쌓은 신뢰의 크기가 성과의 크기로 나타난다는 말이다.

그렇다면 이 관계십은 어떻게 쌓을 수 있을까? 그리고 어떻게 확인할 수 있을까? 인스타그램에서는 이것을 팔로워나 각 게시물의 반응도로 예상할 수 있어서 "팔로워를 빠르게, 많이 늘리려면 어떻게 해야 하나요?"라는 질문을 참 많이 받는다. 그 방법은 아래와 같다.

첫 번째는 내 상품의 핵심 고객 고객들과 소통을 활발히 하는 것이고, 두 번째는 5단계에서 다뤘던 핵심 고객이 열광할 콘텐츠를 만드는 것이다(팔로워를 '핵심 고객'으로만 단기간 빠르게 늘리는 방법에 대해서는 매년 업데이트되는 내용을 추려서 유튜브 채널 〈혜남TV〉에 공개하고 있다. 구체적인 방법이 궁금하다면, 업데이드 된 영상을 참고하길 바란다).

그런데 두 번째 방법은 알고리즘의 영향을 많이 받아서 누구나 잘할 수 있는 방식이라 하기는 어렵다. 그리고 잘나가는 콘텐츠를 만든다고 해도, 콘텐츠만 일방적으로 제작하는 사람은 고객과의 관계섭이 약하므로, 실제 유입되는 트래픽은 많으나, 구매 전환으로 이어지기는 쉽지 않다. 그래서 알고리즘도 이기는 고객 소통 전략이 필요한 것이다.

8단계, 스노우볼 시스템을 구축해야 한다. 스노우볼 시스템이란, 장기적으로 매출을 눈덩이처럼 불어나게 하는 방식이다.

7단계까지 제대로 구축했다면, 당신은 이제 인스타그램을 통해 수익화할 준비를 모두 갖춘 것이다. 혹 처음 수익화를 실현했다면, 이제는 그 수익화 파이를 점점 키우는 시스템을 만들어야 한다. 실제로 수강생 중에도 7단계까지 잘 준비해놓고, 8단계에서 무너지는 경우를 많이 봤다. 나도 8단계에서 몇 번을 재정비했었다.

이러한 시행착오를 겪지 않으려면 3가지를 기억해야 한다. 우선 한 가지 상품이 잘됐다고 해서 그 상품에 안주하는 것이 아니라, 끊임없이 핵심 고객의 트렌드와 결핍을 꾸준히 살펴야 한다. 또 한 가지 상품으로 매출이 일정 이상 늘었다면, 판매 채널을 확장하거나, 비슷한 수요를 가진 다른 상품을 추가하여, 매출이 늘어날 수 있도록 준비해야한다. 이 과정에서 고객이 늘어남에 따라 기존 고객의 불만이 생기지 않도록 기존 고객 관리를 더 꼼꼼하게 신경 써야 한다. 결국 매출이 장기적으로 늘어나기 위해서는 신규 고객만으로는 절대적으로 불가하고, 기존 고객의 높은 만족도를 통한 재구매와 탄탄한 팬덤이 뒷받침되어야 한다.

평범함이 만들어가는
영향력이 빛난다

    내가 기초생활보장대상자에서 꿈꾸던 집에서 살게 되고, 드림카를 장만하게 되기까지 8개월이 걸렸다. 그런데 그 모든 목표를 이루고도 나는 또다시 우울감에 빠졌다. 태어나서 처음 느껴보는 불쾌한 감정에, 불안감 그리고 스스로에 대한 수많은 의심으로, 수시로 밤잠을 설치곤 했다. 원래부터 가지고 있던 우울증은 더 심해지고, 공황장애에 대인기피증까지 와버렸다. 덕분에 나는 처음으로 나 자신에게 집중하는 시간을 가질 수 있었다.

    월 500만 원 수입이 목표였던 내가 그보다 훨씬 더 많은 매출을 달성하게 되니, 왠지 모르게 마음 한켠이 허전하고, 공허했던 나는 '오랫동안 꿈꾸던 삶 그리고 목표 소득을 다 이뤄버렸으니 이제 나는 어떻게 살아야 하지?'라는 질문으로 나 자신을 괴롭혔다. 그리고 지난날을 돌이켜보니, 거기에는 무작정 돈 잘 버는 법에 나를 갈아 넣고 있었다.

그랬다. 나는 뒤도 안 돌아보고 앞만 보고 달려왔다. 그것도 아주 무서운 속도로. 그로 인해 물질적으로는 내가 하고 싶은 것을 모두 할 수 있게 됐지만, 휴대폰의 최근 통화 목록은 모두 팀원뿐인, 내 속마음을 터놓고 얘기할 수 있는 친구 한 명 없는 삶이었다. 그 무렵 이십년지기인 나와 가장 친했던 친구가 병으로 세상을 떠났다는 얘길 듣고, 장례식장에서 7년 만에 친구들을 만났다.

그중 한 명이 "혜빈아, 또 누구 한 명 떠나보내면서 보지 말고, 우리 가끔이라도 좋은 시간 보내자."라고 했다. 순간 그날 나와 친구들을 모이게 한 친구와 했던 1년 전의 통화가 기억났다. 사는 게 너무 힘들다고 터놓는 친구에게 나는 술에 취해서 하는 말일 거라 생각하고, 술 좀 그만 마시라며 핀잔을 주고는 전화를 끊어버렸었다. 그게 친구와의 마지막이 될 줄은 몰랐다. 정말 미안했지만, 이미 세상을 떠난 친구에게 내가 해 줄 수 있는 건 좋은 곳으로 가길 바라는 기도 외에는 아무것도 없었다.

이 일을 통해 큰 깨달음을 얻었다. "돈은 행복을 위한 다양한 요소를 갖추도록 도와주지만, 그 과정을 온전히 즐기고 살아가기 위해서는 건강과 사랑하는 사람들이 반드시 함께해야 한다."는 것을.

그렇게 친구는 마지막까지 나에게 인생에서 가장 소중한 선물을 안겨줬다.

내가 지금 알게 된 이 깨달음을 가지고 무일푼인 과거로 돌아간다면, 나는 사랑하는 사람들과 일주일에 한번 아주 짧게라도 행복한 시간을 보내며, 내가 다시 움직일 힘과 동기 부여를 해줄 것이다. 그리고 매일 30분~1시간은 운동이나 명상 등으로 나를 더 건강하게 채울 것이다. 이는 성공한 최상위 부자들도 늘 강조하는 것인데, 우리가 알면서도 놓치는 경우가 많은 듯하다.

또 나는 인스타그램과 유튜브를 하루라도 더 일찍 시작할 것이다. 그리고 처음에 잘 안되더라도, 분석하고, 연구해가며 해낼 것이다. 왜냐하면 인스타그램과 유튜브야말로 우리가 무일푼으로 영향력을 키울 수 있는 가장 좋은 도구들이기에. 오늘 이 글을 쓰기 직전에도 한 수강생이 유튜브 영상 단 1개로 400만 원을 벌었다고 연락이 왔다. 앞으로는 더더욱 영향력이 곧 돈이 되는 시대가 올 것이다.

영향력은 타고난 사람이 만들어가는 것이 아니라, 평범한 누구나 세상에 자신을 드러내기 시작하면 만들어갈 수 있는 것이다. 나는 타고난 사람은 아니지만, 타고나지 않은 덕분에 책을 쓸 수 있었다. 내가 가장 힘든 순간 '내 삶에 이런 굴곡이 많은 이유는 내 이야기가 나와 비슷한 다른 사람들을 살리기 위해서가 아닐까?'라는 생각을 했던 적이 있다. 나도 가장 힘들 때 나와 비슷했던 누군가가 꿈을 이룬 과정을 보고, 다시 희망을 품고 살아냈던 것처럼.

당신에게도 이 책이 작은 희망의 씨앗이 되어, 또 다른 누군가가 살아낼 수 있는 한 편의 이야기로 완성될 수 있길 바란다. 내가 해냈다면, 당신은 더 잘 해낼 수 있을 거라고 확신한다. 더불어 지금 이 책을 읽는 순간보다 삶이 조금 더 좋아진 당신과 반갑게 인사하는 날이 오길 소망한다.

행운의 QR코드 ─────────────────────
이벤트에 참여하여 수백만 원 상당의 혜택을 받으세요.
이벤트는 조기 종료될 수 있습니다.

스위칭

ⓒ한성곤, 김성공, 백두현, 남희정, 현홍수, 김형진, 정수열, 안혜빈 2023

초판 1쇄 인쇄 2023년 3월 3일
초판 1쇄 발행 2023년 3월 13일

지은이	한성곤, 김성공, 백두현, 남희정
	현홍수, 김형진, 정수열, 안혜빈
편집인	권민창
책임편집	윤수빈
디자인	김윤남
책임마케팅	윤호현, 김민지
마케팅	유인철, 이주하
제작	제이오
출판총괄	이기웅
경영지원	김희애, 박혜정, 최성민

펴낸곳	㈜바이포엠 스튜디오
펴낸이	유귀선
출판등록	제2020-000145호(2020년 6월 10일)
주소	서울시 강남구 테헤란로 332, 에이치제이타워 20층
이메일	mindset@by4m.co.kr

ISBN   979-11-92579-47-4 (03320)

마인드셋은 ㈜바이포엠 스튜디오의 출판브랜드입니다.